법을 다루는 직업

・이 책에서 다루는 직업・

- 판사
- 변호사
- 검사

사법부에서 일하는
- 재판연구관
- 사법연수원 교수
- 법원 공무원
- 집행관

그 외에 법률을 다루는
- 공증인
- 변리사
- 노무사
- 법무사
- 법률 사무원

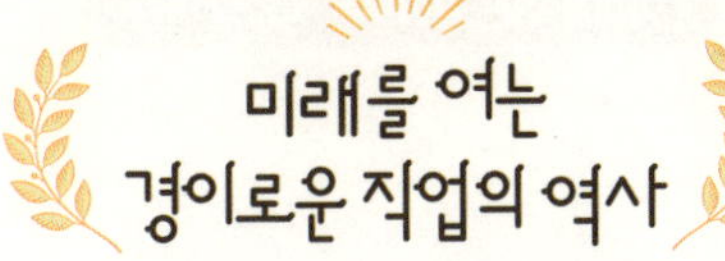

법을 다루는 직업

판사 · 변호사 · 검사

박민규 지음

내가 정말로 원하는 직업은 무엇일까?

'선생님'이 되어 아이들을 가르치고 싶은 사람도 있고, '의사'가 되어 아픈 사람을 치료해 주고 싶은 사람도 있고, '경찰관'이 되어 범죄를 저지른 사람을 잡고 사람들을 돕고 싶은 사람도 있을 것입니다. 선생님, 의사, 경찰관이 '된다'는 것은 바로 선생님, 의사, 경찰관이라는 '직업을 가진다'는 의미입니다.

우리는 저마다 자신의 희망, 적성, 능력에 따라 직업을 가집니다. 직업이란 사람이 경제적 보상을 받으면서 자발적으로 하는 지속적인 활동입니다. 직업을 가지게 되면 기본적인 경제생활을 할 수 있는 소득을 얻고, 사회 발전에 이바지할 수도 있고, 무엇보다도 자기가 가지고 있는 꿈을 실현할 수 있습니다. 그래서 한 사람이 살아가기 위해서는 '직업'을 가지는 것이 매우 중요합니다.

직업을 가지려면 먼저 그 직업이 하는 일은 무엇이며, 그 일을 잘하기 위해서는 어떤 능력이 필요하고, 사회에서 하는 역할이 무엇인지

아는 것이 중요합니다. 그래야 자신의 꿈을 이룰 수 있는 직업을 선택하고, 그 직업에 필요한 능력을 미리 갖출 수 있기 때문입니다.

2021년 기준 한국에는 약 1만 7천여 개의 직업이 있고, 해마다 새로운 직업이 생겨나고 있습니다. 수많은 직업 중에서도 특히 많은 사람이 관심을 갖는 직업들이 있습니다. 우리는 이 직업들이 처음에 어떻게 생겨났고, 시대의 변화에 따라 바뀐 점과 바뀌지 않은 점이 무엇인지 살펴볼 것입니다. 달라진 점을 살펴보면 그 직업이 앞으로 어떻게 변해 갈지를 예측해 볼 수 있습니다. 또한, 달라지지 않은 점을 바탕으로 그 직업의 진정한 의미와 가치를 찾아낼 수 있을 것입니다.

이 책이 여러분에게 '내가 정말로 원하는 직업이 무엇인지' 생각해 보고, 미래를 준비하는 데 도움이 되기를 바랍니다.

법을 다루는 직업

서로 다른 욕구를 가진 여러 사람이 모여 사는 사회에서는 다양한 갈등이 생깁니다. 현명하고 빠르게 조정하지 않으면 갈등은 커집니다. 개인 간 갈등이 가족 간, 집단 간, 국가 간 갈등으로 번지는 일도 드물지 않습니다. 이런 갈등은 사회 전체를 불안하게 만들고, 모든 구성원에게 피해를 줍니다. 인류는 갈등을 합리적으로 해결하는 방법을 찾기 시작했습니다. 그렇게 모두가 따라야 하는 기준, '법'이 만들어졌습니다. 현대 사회의 모든 개인은 법을 따라야 합니다. 법은 일상생활 속 작은 부분까지 영향을 미칩니다.

이 책에서는 갈등을 겪는 당사자의 잘잘못을 법에 따라 판단하는 '판사', 갈등 당사자 대신 법정에 나서 변호하는 '변호사', 범죄 용의자의 범죄 여부를 살펴 재판에 넘기는 '검사'라는 직업을 알아봅니다. 먼저 그 직업과 하는 일이 언제, 어떻게 탄생해서 오늘에 이르렀는지 살펴봅니다. 다음으로 각 직업의 현황은 어떤지, 그리고 미래에는 어떤 점이 달라질지 예측합니다. 부록에서는 그 직업에 종사하는 방법을 소개합니다.

직업마다 시간이 흐르며 겉으로 보이는 모습은 어떻게 달라졌는지, 하는 일의 본래 의미는 무엇인지, 변한 것은 무엇이고 변하지 않은 것은 무엇인지, 인류 발전에 어떻게 이바지했는지를 이해한다면, 지금까지와는 다른 시각에서 직업을 볼 수 있을 것입니다. 또한 현재와 미래를 살펴 그 직업에 필요한 자질이 무엇인지, 어떤 준비를 해야 하는지, 앞으로 어떤 발전 가능성이 있는지도 알 수 있습니다.

무엇보다도 책을 읽는 청소년들이 직업의 본래 의미를 이해해서 앞으로 어떤 직업을 선택하든지 자기가 하는 일에 보람을 느끼고 즐겁게 살아가기를 기대합니다.

• 차례 •

1부 법을 해석하고 판단하는 판사

1부

법을 해석하고 판단하는 판사

판사의
탄생과 변화

옛날에는 왕이나 사제처럼 권력이 있는 사람이 법을 정하고 직접 재판을 하기도 했다. 그러나 점차 사회가 복잡해지면서 법을 정비하고, 옳고 그름을 판가름할 전문가가 필요하게 되었다. 판사라는 직업이 어떻게 생겨났고, 시대에 따라 어떻게 변했는지를 살펴본다.

고대의 법과
법을 다루는 사람들

법과 법률 전문가의 탄생

사람은 사회를 이루고 살아간다. 여러 사람이 모였기에 서로 원하는 바가 다르면 갈등이 생긴다. 때로는 집단이나 나라 사이에서 갈등이 발생하기도 한다. 어떤 사회든 사람들이 불안하지 않고 피해가 발생하지 않게 갈등을 평화롭게 풀려고 노력한다. 이를 위해서는 모두에게 적용되는 기준이 필요하다. 이것이 바로 '법法, Law'이다.

고대 사회에서는 관습에 따라 갈등을 풀었다. 해결이 어렵거나 중대한 문제에 관해서는 정치 지도자나 제사장 같은 지배자의 의견을 따랐다. 당시 사람들은 지배자가 '신'의 뜻을 전한다고 믿었기 때문이다. 갈등이 평화롭게 풀리지 않으면 폭력을 동원해 강제로 판결을 집행했다. 그러나 사회가 점점 커지고 복잡해지며 지배자가 법과 관련

갑과 을 사이에 갈등이 생겼다. 갑은 옳고 그름을 판단해 달라고 요청했다. 이것이 '소송'의 시작이다. 옳고 그름을 판단하기 위해서는 '재판'을 한다. 재판이 열리는 장소 또는 재판을 주관하는 조직을 '법정' 또는 '법원'이라고 한다.

- **원고**: 소송을 제기한 사람. 예시에서는 갑.
- **피고**: 소송 대상이 된 사람. 예시에서는 을.
- **판사**: 재판을 주관하고, 원고와 피고의 주장을 들어 최종 판결하는 사람. 재판관이나 법관이라고도 한다. *
- **민사 재판**: 개인 간 다툼에서 옳고 그름을 따지는 재판.
- **형사 재판**: 범죄를 저지른 사람에게 벌을 주기 위해 열리는 재판.

형사 재판에서 소송을 제기하는 원고는 국가이다. 이때 국가를 대신해 일하는 사람이 '검사'다. 죄를 지었다고 의심받는 사람은 피고인이다. 변호사는 민사 재판에서 원고, 또는 피고를 대리해 복잡한 법적 문제를 처리하거나, 형사 재판에서 피고인을 대리한다.

된 모든 일을 처리하기 힘들어졌다. 결국, 법에 관한 권한이 다른 사람들에게 나누어져 법을 해석하고 집행하는 전문가들이 등장했다.

---

* 우리나라에서는 특별히 헌법재판소 소속 법관을 '재판관'이라고 부른다.

초기의 법관

고대 사회에서는 사제 계층의 지식수준이 가장 높았다. 이들 외에 대부분은 글을 읽고 쓸 줄도 몰랐다. 사제는 통치자를 돕고, 법을 해석하고 판단했다. 이들은 신의 명령을 받아 법을 수호한다고 여겨졌다.

최종 판결 권한은 통치자에게 있었지만, 사제들도 그에 못지않은 권력을 누렸다. 이들을 '최고 재판관' 또는 '치안판사'라고 불렀다. 치안판사Magistrator는 고대 사회에서는 최고위 사법 관리였다. 사법관이면서 동시에 행정적, 군사적 권한도 가졌다. 왕은 자신을 대리하는 치안판사를 매우 중요하게 생각했다.

고대 문명의 법체계와 법관

● 고대 이집트와 중동

고대 이집트의 최고 재판관, 비지에르

고대 이집트의 최고 재판관은 '비지에르Vizier'
였다. 이들은 고대 이집트의 왕 파라오를 보좌하
였고, 감시하기도 했다. 이집트 법률을 이끄는 비
지에르의 권력은 파라오와 맞먹을 정도였다.

비지에르는 깃털이 조각된 황금 목걸이를 두
르고 재판에 참석했다. 깃털은 정의의 여신 '마트
Maat'를 상징했다. 비지에르는 원고와 피고의 증
거를 검토한 후 판결했으며, 이긴 쪽에게 자기가

머리에 진실의 깃털을
장식한 마트의 동상(루
브르 박물관)

두르고 있던 황금 목걸이를 건네주었다.

비지에르는 재판 외에 국가 행정과 운영도 책임졌다. 남는 시간에는 젊은 재판관들을 가르쳤다. 지방에서는 하급 재판관들이 비지에르가 정한 형식에 따라 재판을 진행했다. 나일강 강가의 주요 도시에서 열리는 재판은 비지에르가 순회하면서 주재했다.

기원전 2750년 이집트 비지에르 헤미우누 조각상(뢰머 펠리자우스 박물관)

이집트 재판관이 지켜야 하는 원칙

고대 이집트 법정에서는 피고와 원고가 직접 증언했다. 재판관은 피고와 원고 외에 다른 사람의 이야기는 듣지 않았기에 사건을 여러 측면에서 살펴보기는 어려웠다. 법정에서 절대적인 결정권을 가진 재판관은 자기 생각대로 판결했다. 하지만 이들에게는 고소인이나 피해자의 이야기에 귀를 기울여야 하는 윤리적 의무가 있었다.

"억울함을 하소연하는 이야기는 인내심을 가지고 끝까지 들어야 한다. 가슴 속 응어리나 슬픔이 풀릴 때까지 기다려라."

— 고대 이집트 문헌 '프타호텝의 격언' 중에서

법률은 신이 내린 목소리고, 재판관이라는 직업은 신이 내린 소명이었다. 재판관은 이집트에 전해져오는 정의와 평등에 관한 신념을 지키고자 했다. 재판 내용은 법정 속기사가 모두 기록했고, 이 기록은 각 도시의 공회당에 보관되었다. 고대 이집트 법률 시스템은 로마가 이집트를 정복하기 전까지 9천여 년간 이어졌다.

종교와 분리된 바빌로니아 법

메소포타미아 지역에서도 법과 종교는 밀접한 관련이 있었다. 판사는 대부분 왕족 출신 사제였으나 기원전 1800년경 바빌로니아 함무라비 왕조 시기에 법과 종교가 분리되었다. 바빌로니아의 법은 이집트의 법과 다르게 문자로 명확하게 기록되었다. 해야 할 일과 하지 말아야 할 일을 문자로 새겨 모두가 볼 수 있는 장소에 게시했다. 이처럼 누구나 알 수 있는 명백한 법률이 생기면 판사는 자기 마음대로 법을 해석할 수 없었다.

바빌로니아 법원은 사람이 많이 모이는 거리, 성문, 시장 근처에 있었다. 법원을 운영하는 판사는 함무라비 법전을 바탕으로 단순하고 빠르게 판결했다. 소송 당사자가 이 결과에 승복하지 못해 항소하면 고위 재판관이나

함무라비 법전의 부조(루브르 박물관)

왕이 재판했다. 작은 도시나 지방에서는 그 지역을 다스리는 관리가 판사 역할을 했다.

신의 대리인이었던 히브리의 판사

고대 이스라엘 민족, 히브리인은 '가나안'이라고 불리는 지역에 살았다. 가나안은 현재 팔레스타인, 이스라엘, 시리아, 레바논 등이 자리 잡은 지역이다. 대다수 히브리인은 유대교를 믿었다. 유대교에서는 예언자 모세가 신으로부터 법을 받았다고 믿었다. 모세는 이스라엘 민족의 지도자로서 이집트에서 노예 생활하던 히브리인들을 이끌고 이집트를 탈출했다고 전해진다.

기원전 1500년경 유대교의 치안판사는 신이 보낸 대리인으로서 모두 사제였고, 재판은 사원에서 열렸다. 바빌로니아로부터 전해진 법률 시스템을 도입한 후에도 법은 종교라는 틀 아래서 해석되었다. 판사는 판결의 이유를 피고나 원고에게 설명할 필요가 없었다. 판사는 판결의 집행도 담당했다.

판사는 학생들에게 법과 철학, 논리학 등을 가르치기도 했다. 유명한

율법판을 깨뜨리는 모세
(독일 베를린 국립 회화관)

판사는 따르는 학생이 천여 명이 넘기도 했다. 이들의 교수 내용은 훗날 법학 발전에 크게 이바지했다.

유대 사회의 랍비

유대 사회에는 '랍비'라는 종교학자 또는 율법 학자가 있었다. 이들은 유대 사회의 전통 종교, 법률, 문화를 후대에 전하는 역할을 했다. 랍비는 종교인이자 교육자이면서 법률가이기도 했다. 많은 랍비가 판사로 활약했고, 판사 한 명당 세 명의 후배를 옆에 두고 일을 도우면서 배우도록 했다.

유대인 사회는 '산헤드린Sanhedrin'이라는 법원을 운영했다. 대부분 도시에서는 판사 23명이 참석하는 산헤드린이 열렸다. 판사들은 조수와 함께 반원형 법정에 들어와 네 줄로 둘러앉았는데, 가장 뒷줄에 판사가 앉았다. 수도에서는 '그레이트 산헤드린'이 열렸는데, 여기 참석하는 판사는 71명이었다. 작은 마을에서는 판사 3명으로도 법정을 열었

1883년 백과사전에 묘사된 산헤드린 법정

다. 법정에서 내린 판결은 기록하지 않고 말로 전해졌다. 오랜 시간이 흐른 뒤에야 글로 법률과 판결을 기록하기 시작했다.

랍비 판사의 판결에는 종교적인 책임이 뒤따랐다. 판결은 곧 신이 내린 말씀을 해석하는 일이기에 주의를 기울였다. 이들은 판결을 내리기 위해 다양한 의견을 귀담아들었다.

● 고대 인도

고대 인도의 법과 판사

고대 인도의 법체계는 뛰어났다. 기원전 1750년 무렵부터 법이 존재했다. 가장 지위가 높은 판사는 '프라드비바카Pradvivaka'였고, 그 아래에 여러 계층의 판사가 있었다.

고대 인도에서 따랐던 기본 법은 권위 있는 힌두교 경전인 『마누』 경전에 기록되어 있다. 이 경전에는 빚을 갚지 않았을 때, 동업할 때, 남편과 아내의 관계, 상속, 분쟁, 폭력, 도박 등에 관한 18개의 주요 법률이 있다. 이러한 법에 따라 유죄가 입증되지 않는 한 피고를 처벌할 수 없었다.

고대 인도의 재판 제도는 『카타야나』 경전에 기록되어 있다. 상위 법원은 하위 법원의 판결을 검토할 수 있었다. 가장 최고 권위를 가진

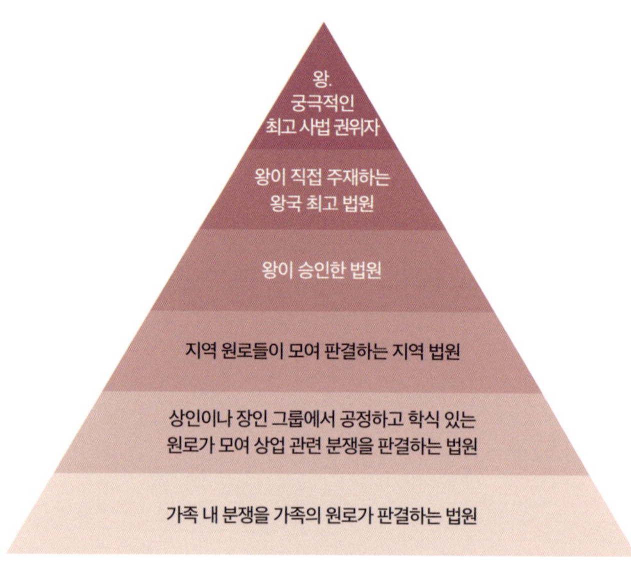

고대 인도의 법원

판사는 왕이었다. 프라드비바카와 사비아스Sabbyas라고 불리는 판사들이 왕을 돕고 보좌했다.

경전에는 판사의 자격도 나와 있다. 판사는 재판 절차와 법에 정통하고, 논리학을 충분히 공부하고, 책임감 있는 시민이어야 했다. 왕은 가혹하거나 잔인하지 않고 친절, 쾌활, 겸손한 사람을 판사로 임명해야 했다. 편견이 없고, 자율적이며, 용감한 성품도 중요했다.

고대 인도에는 '니요기Niyogi'라는 법률 조력자가 있었다. 니요기는 일종의 변호인이었다. 소송하는 사람은 돈을 내고 니요기를 고용했다. 니요기는 소송 금액의 16분의 1~160분의 1 정도를 받았다.

● 고대 이슬람

무슬림이 따른 샤리아법

이슬람교는 '알라'를 유일한 신으로, '무함마드'를 예언자로 믿고 따른다. 이슬람교를 믿는 사람들을 가리켜 '무슬림'이라 한다. 이슬람교는 7세기 무렵부터 지중해 동쪽 페르시아만을 중심으로 세력을 펼쳐나갔고, 11세기에는 북아프리카와 이베리아반도(현재 스페인과 포르투갈)에 이르는 거대한 지역을 지배했다.

무슬림은 '샤리아Sharia'를 따랐다. 샤리아는 아랍어로 '길' 또는 '방법'이라는 뜻이다. 샤리아는 이슬람 경전인 『쿠란』과 무함마드가 남긴 말과 행동을 기록한 '하디스'를 근거로 했다. 샤리아는 기도, 금식, 성지 순례와 같은 종교에 관한 규정과 결혼, 이혼, 상속, 계약, 상업, 재산 관리 등 사회 질서를 유지하기 위해 적용되는 형법, 국가 운영과 관련된 세금, 행정 규정 등을 정하고 있다.

카디와 무프티

'카디Qadi'는 샤리아에 따라 재판하고 판결하는 판사였다. 카디는 법과 도덕을 지키는 사람이라고 존경받았다. 그래서 카디는 부정한 대가를 받지 않도록 조심해야 했다. 카디가 되려면 종교 교육을 받고 샤리아에 대한 지식을 갖추어야 했다. 카디는 민사 및 형사 사건을

왼쪽에 앉은 사람이 무슬림의 판사 카디이다.
(오스트리아 국립도서관)

재판하고, 계약서나 유언장을 만들거나 검토했고, 샤리아에 대해 가르치기도 했다. 무슬림은 샤리아가 그 자체로 완벽하다고 믿었기에 카디는 샤리아를 수정하거나 새로 해석할 수 없었고 그저 적용할 뿐이었다. 카디가 내린 결정은 특별한 이유 없이 바꿀 수 없었고 꼭 실행되어야 했다.

이슬람 학자인 '무프티 Mufti'는 샤리아에 대한 자신의 의견을 이야기할 수 있었다. 사람들이 요청하면 무프티는 샤리아를 바탕으로 '파트와'라는 의견을 주었다. 파트와에 법적인 강제력은 없었다.

법원 서기 카팁과 무슬림의 재판 진행

법정에서 빼놓을 수 없는 사람으로 '카팁 Katib'이라 불리는 법원 서기가 있었다. 이들은 증언, 논쟁, 판결 등 재판에 관한 모든 내용을 기록했고, 기록한 문서를 체계적으로 정리해서 보관했다. 문서가 진짜인지 보증하거나, 법정 밖 다른 기관이나 재판 관련인들과 소통하는 것도 카팁의 일이었다. 아무리 단순한 재판이라도 카팁 없이는 진행하기 어려웠다.

고대 그리스의 판사

고대 그리스 도시국가는 시민이 참여해 중요한 문제를 결정하는 민주주의 제도를 택했다. 그리스인들은 소송 같은 법적 문제도 시민이 직접 다루어야 한다고 생각했다. 재판은 종교와 분리되었다. 판사는 다른 공무원처럼 시민 중에서 선발했으며 이들은 소송을 접수하고 재판을 주관했다.

아르콘 바실레우스로 추정되는 남자가 아이에게 접힌 천을 받고 있다.
(파르테논 신전의 조각)

소송 종류에 따라 법정과 판사가 달랐다. 가족 관계나 계승 관련 문제는 치안판사인 '아르콘'이 맡았고, 종교 문제로 인한 갈등이나 살인 사건은 최고위 재판관인 '아르콘 바실레우스'가, 그 외의 문제는 '테스모테타이(관습을 정하는 사람)'가 담당했다. 도시에 거주하는 외국인과 관련된 갈등은 '폴레마코스'가 따로 처리했다. 각 지방을 돌아다니며 지역 치안판사를 돕는 재판관도 있었다.

배심원이 판결한 고대 그리스의 법정

재판에 참여해 옳고 그름을 판단한 것은 일반 시민이었다. 이들을 '디카스트Dicast'라고 했는데, 30세 이상 남성 시민이면 디카스트가 될 수 있었다. 공정하고 균형 잡힌 판결을 위해 한 재판에 수백 명의 시민 재판관이 참가했다. 일반 형사 사건은 501~1,501명, 민사 사건에는 201명의 시민 재판관이 참석했고 정치적으로 중요한 재판에는 6,001명이나 되는 시민 재판관이 참석했다. 이들이 내린 결정은 최종 판결로서 다시 따질 수 없었다. 이들은 따로 급여를 받지 않았다. 시민 재판관 역할을 하는 것은 시민의 마땅한 의무였다.

전문 직업이 된 로마의 판사

고대 그리스와 달리 고대 로마에서 판사는 어엿한 직업이었다. 로마인들은 판사가 아주 중요하지는 않아도 사회에 꼭 필요한 직업이라고 인정했다. 판사는 황제를 대신해 황제의 뜻을 실행하는 직업이었고,

로마 최초의 법전인 12표법을 발표하는 모습을 묘사한 그림

정치인이나 학자로 출세하기 위한 출발점이기도 했다.

판사 역할을 하는 관직은 '아이딜리스Aediles'였다. 36세가 넘고 재산이 일정 규모 이상이면 아이딜리스 후보가 될 수 있었다. 임기는 1년이었다. 아이딜리스는 공공시설을 관리하고 도시 질서를 유지했다. 화재 예방, 도박꾼 처벌, 외국에서 들어온 종교 감시, 시장에서 팔리는 상품 품질과 수량 검사 등도 아이딜리스의 일이었다. 이들은 그리스 판사보다 법률을 잘 알았지만 법률 전문가는 아니었다.

로마 판사 중 최고위직은 '프레토르Praetor'로, 로마에서 가장 중요한 관직이었다. 투표로 선출되며 임기는 1년이었다. 이들은 재판을 주재하고, 관직에 있는 동안 적용할 법률을 발표할 수 있었다. 프레토르는 때로 군사 임무나 지방 총독으로 임명되어 군대를 지휘하기도 했다.

공무원이 된 판사

로마 제국이 확장되고 관료제가 자리 잡으며 판사는 월급을 받는 전문직이 되었다. 황제가 프레토르를 임명했으며 재정, 민사, 상속, 후견 문제 등 담당 업무도 세세하게 나뉘었다. 중요한 사건에는 원로원이 최고 재판소 자격으로 개입하고, 황제가 직접 재판을 주관하기도 했다.

판사는 아침 일찍부터 저녁 늦게까지 일했다. 재판 중에는 원고와 피고 모두에게 비난받기 일쑤였고, 때로는 피고나 원고가 판사를 고발하기도 했다. 그렇다고 별다른 권력을 누리는 것도 아니라서 시간이 지날수록 귀족들은 판사가 되기를 꺼렸다.

로마 제국 말기에 사법부는 제 기능을 잃었다. 부정과 부패가 심각해졌고, 판사는 이전 판결에 따라 법을 기계적으로 적용했다. 이렇듯 문제점이 있었지만, 로마 멸망 후에도 여러 나라에서 로마식 법률 체계를 도입했다. 로마법 체계는 훗날 판사가 전문직으로 발전하는 토대가 되었다.

고대 중국의 법체계와 법관

고대 중국 전설의 재판관과 해태

중국에는 '삼황오제'라 불리는 뛰어난 임금들의 이야기가 전해져 온다. 그중 '순'이 중국을 다스리던 시절 '고요'라는 유명한 재판관이 있었다. 순임금은 고요를 법을 담당하는 직위인 '사士'에 임명했고, 고요는 법률을 정리했다. 그 후 세상은 질서를 찾고 평화를 이어갔다고 한다.

고요는 유죄인지 무죄인지 판명하기 어려울 때 '해태(해치)'라는 동물의 도움을 받았다고 한

중국 명나라 때 만든 해태상

다. 해태는 옳고 그름을 판단하고 선과 악을 구분하는 능력이 있다고 전해지는 전설의 동물이다. 해태는 죄를 지은 사람은 머리로 들이받고, 죄가 없는 사람은 건드리지 않는다고 한다. 고요는 최고 재판관이면서 정치 지도자, 교육자 역할도 했다. 그가 만든 법과 원칙은 이후 중국 법체계를 이루는 기본 사상이 되었다.

하늘을 대신해 뜻을 펼치는 왕

중국 최초의 왕조는 하왕조다. 당시 왕은 신의 목소리를 대신했다고 여겨졌기에 왕이 내린 명령이 곧 법이었다. 하나라를 세운 우임금은 우임금의 형벌이라는 뜻의 '우형愚刑'이라는 법을 만들었다. 사형부터 코를 자르고 얼굴에 문신을 새기는 벌까지 3천여 가지 처벌 조항이 있었다고 하는데, 자세한 내용은 전해지지 않는다.

하왕조에 이어 세워진 상왕조에서도 최고 권력자인 왕이 내리는 명령이 법이었다. 상나라는 이단 사상이나 행위로 사회를 혼란하게 하는 자, 전통문화와 가치관에 어긋나는 음악, 복장, 도구를 이용해 사람들을 유혹하는 자, 도덕과 윤리에 어긋나는 이단적인 학문을 연구하는 자, 귀신이나 점으로 사람들을 선동하는 자 등을 처벌했다. 왕은 가장 높은 재판관이기도 했다. 지방에서는 제후가 자기가 다스리는 영토 내 재판을 맡았다.

때로는 무당이 재판을 하기도 했다. 이들은 하늘에 제사를 지내고 점을 쳐서 판결했다. 이를 '신판'이라 했다.

예와 형

상나라 멸망 이후 주나라가 세워졌다. 정치, 교육, 문화 등 여러 분야에서 체계가 갖추어졌는데 이때 만든 법체계는 이후 중국 법률의 토대가 되었다. 그 뼈대는 '예禮'와 '형刑'이었다.

'예'는 사람들이 자발적으로 따르는 행동 규칙이다. 친친親親과 존존尊尊을 원칙으로 삼았다. 친친은 부모를 섬기는 효, 형제간의 우애 등 가정 내에서 사랑과 존경을 바탕으로 한 도덕적 의무를 뜻했다. 존존은 웃어른을 존경한다는 뜻으로 상하 관계와 계층 간 존경과 예절을 강조한 원칙이었다. 이러한 예를 어기면 사회적으로 비난받았다.

'형'은 범죄를 처벌하는 규칙이었다. 예를 심각하게 위반하면 형으로 다스렸다. 즉, 범죄나 다름없다고 본 것이다. 이를 '출례입형(행실이 예를 벗어나면 형벌이 다스린다)'이라 했다. 예는 귀족, 사대부들에게는 엄격하게 적용했지만, 일반 백성에게는 엄격히 적용하지 않았다.

천자가 다스리던 시대의 법 제도

주나라 왕은 하늘의 뜻을 받아 천하를 다스린다는 뜻으로 '천자天子'라고 불렀다. 천자는 최고 통치권과 최고 사법권을 행사했다. 중앙 기관인 '대사구大司寇'는 천자가 사법권을 행사할 때 보좌했다. 그 아

특권층을 우대한 법

고대 중국에서는 법을 어겨도 처벌을 줄여주는 특권층이 있었다. 이들을 '팔피(송나라 이후부터는 팔의)'라고 했다. 팔피에는 왕이나 황제의 친척, 왕이나 황제와 오래 알고 지낸 사람, 국가에 큰 공을 세운 사람, 큰 덕을 지닌 현자, 재주가 뛰어나 군대를 통솔하고 나라를 다스리는 데 도움이 되는 사람, 성실하게 일한 관리나 군인, 고위직 관리, 전 왕이나 황제의 자손이 포함되었다. 팔피가 죄를 지으면 법에 나와 있는 대로 처벌하지 않고 관리들이 따로 의논해 벌을 정했다. 또한 귀족은 얼굴에 문신을 새기거나 코를 나르는 등 몸에 손상을 가하는 벌은 주지 않았다. 사형할 정도로 심한 죄를 짓더라도 대중 앞에서는 처형하지 않았다.

래 ‘소사구小司寇’는 재판에 관련된 구체적인 일을 했다. 지방에는 ‘향사’, ‘수사’ 등 재판을 담당하는 관리가 있었다. 범죄가 얼마나 심각한지에 따라, 신분에 따라 처벌이 달라졌다.

고대 우리나라의 법체계와 법관

고조선과 팔조법

고조선은 단군왕검이 기원전 5세기 무렵 세운 한반도 첫 번째 고대 국가이다. '단군'은 하늘에 제사 지내는 제사장, '왕검'은 군대를 지휘하는 지도자를 뜻한다. 종교와 정치가 분리되지 않은 사회로, 단군왕검이 재판을 주관했으리라 짐작할 수 있다.

고조선에는 여덟 가지 조항으로 이루어진 법률 '팔조법(팔조 법금)'이 있었다. 오늘날에는 세 개 조항만 전한다.

단군 영정(한국민족문화대백과사전)

① 사람을 죽인 자는 사형에 처한다.

② 남에게 상해를 입힌 자는 곡물로써 배상한다.

③ 남의 물건을 훔친 자는 데려다 노비로 삼으며, 속죄하고자 하는 자는
1인당 50만 전錢을 내야 한다.

ー『한서』,「지리지」

법이 엄격했던 부여

기원전 2세기(3세기 말 세워졌다는 주장도 있다) 한반도 북부에는 부여가 있었다. 부여는 강력한 군사력과 통치력을 바탕으로 한 부유한 국가였다. 부여의 법은 엄격했다. 사람을 죽인 자는 사형에 처하고, 그 가족을 노비로 삼았다. 도둑질한 자는 훔친 물건의 12배를 물어야 했다. 여자가 부정한 행위를 하거나 투기(시기하고 질투)하면 사형에 처했다. 투기한 죄로 처형된 시신은 남산 위에 버렸다. 시신을 찾아가려면 소와 말을 바쳐야 했다.

부여는 매년 정월에 모든 백성이 참석하는 '영고'라는 큰 제사를 지냈다. 이때 중요 재판을 진행했는데, 죄인은 하늘이 정해 준 질서를 어지럽힌 사람이므로 하늘에 고하고 처벌한다는 의미였다. 재판 형식은 전해지지 않지만 여럿이 모인 자리에서 원고와 피고의 주장을 듣고 죄가 있는지 없는지 판단했을 것으로 추정한다. 평상시에는 지역마다 재판을 열어 죄인을 심판했을 것으로 짐작한다.

유교 원칙을 따른 중국의 법

춘추 전국 시대, 문서로 기록된 법이 등장하다

기원전 8세기 말, 주나라의 세력이 약해지자 각 지역을 다스리던 제후들은 각자의 힘을 길러나갔다. 힘을 키운 제후들은 중국 전체를 장악하려 경쟁했고, 이 시기를 춘추 전국 시대라고 한다. 전쟁이 끊이지 않는 혼란한 시기였지만 철로 만든 도구를 사용하며 농업이 성장하고 경제가 발전하였고, 다양한 학문과 사상이 꽃을 피운 때이기도 하다. 중국 최초로 문자로 기록된 법, '성문법'도 이때 등장했다.

기원전 536년 정나라 재상 '자산'은 청동으로 만든 솥에 법을 새겼다. 이를 '형정刑鼎'이라 한다. 다른 나라들도 이를 본보기로 자기 나라 법률을 정비했다.

기원전 5세기 초 위나라 정치가인 '이회'는 법을 체계적으로 정리해 『법경』이라는 법전을 펴냈다. 여기에는 절도, 폭행, 상해에 관한 법과 범죄자 체포 및 감옥 관리 규정 등 전반적인 원칙이 담겼다. 『법경』은 훗날 중국의 법체계를 만드는 데 큰 영향을 끼쳤다.

법가 사상과 엄격한 법치를 실현한 진나라

기원전 3세기의 정치 철학자, 사상가인 '한비'는 인간이 원래 악한 성품을 타고난다고 생각했다(성악설). 그래서 이상적인 사회를 만들려면 강력한 법과 형벌로 백성을 다스려야 한다고 주장했다. 이 사상을 따르는 학자, 정치가를 '법가'라 한다.

진나라 법가를 대표하는 정치가 '상앙'은 『법경』을 바탕으로 새로운 법률을 만들었다. 그리고 법률을 누구에게나 동등하게 적용해 백성이 믿고 따르도록 했다. 이는 진나라가 중국을 통일하는 기반이 되었다.

법과 율

국가에서 만든 강제 규칙을 통틀어 '법률(法律)'이라 한다. '법(法)'은 가장 기본적인 행동 기준이다. 인간과 자연이 따르는 질서, 도덕적·윤리적 규범, 통치자가 백성을 다스리는 원칙 등을 나타낸다. '율(律)'은 범죄와 처벌 기준을 정해 둔 구체적인 조항이다.

엄격한 법치를 실현한 진나라

기원전 221년 중국을 통일한 진나라는 법가 사상을 기반으로 나라를 다스렸다. 진나라의 황제는 춘추 전국 시대에 만들어졌던 다양한 법률을 통일했다. 진나라 황제에게는 절대적인 권위가 있었고 법을 마음대로 고치거나 만들 수 있었다. 법은 엄격하게 집행되었으며, 형벌도 잔인했다. 한 사람이 잘못하면 가족과 마을 구성원까지 벌을 받았다.

최고 재판관인 '정위'와 '어사대부'가 중앙 사법 기관을 책임졌다. 정위는 황제가 하달한 사건, 지방에서 올라온 사건, 의심스러운 사건을 조사하고 판결했다. 어사대부는 관리가 부정을 저지르지 않도록 감시했다. 지방 행정 기관인 군과 현에서는 그 지역을 다스리는 관리인 군수와 현령이 재판관을 겸했다.

한나라의 법 제도와 사상

진나라는 거대한 건설 공사에 백성을 동원해 가혹하게 일을 시켰고, 국력이 쇠퇴했다. 살기 힘든 백성들은 여러 지방에서 반란을 일으켰다. 결국 진나라는 중국을 통일한 지 얼마 되지 않아 멸망하고, 기원전 202년 한나라가 뒤를 이었다.

한나라는 유교 사상을 기반으로 나라를 다스렸지만, 법체계는 진나라의 것을 이어받았다. 중앙 사법 기관으로는 정위, 어사대부와 함

『춘추(春秋)』는 공자가 쓴 역사책이자 유교 경전이다. 도덕적 판단, 대의명분, 행동 배경을 중요하게 여기는 내용이 담겨 있다. '결옥(決獄)'은 법적인 판단이다. 즉, '춘추결옥'은 『춘추』에 담긴 사상을 바탕으로 재판한다는 것이다.

춘추결옥에 따르면 우선 사실을 명확히 파악해야 한다. 그다음 행동의 동기와 배경을 조사한다. 악한 동기로 죄를 저지른 사람은 더 엄격히 처벌받아야 한다. 악의 없이 실수한 자는 처벌을 가볍게 해 준다. 법체계에 유교적 원칙을 담은 춘추결옥을 바탕으로 재판할 경우, 주관적 동기에 따라 법을 유연하게 적용할 수 있었다. 하지만 사실을 무시하고 주관적으로 판결하는 부작용도 있었다.

께 '상서대'가 있었다. 상서대는 원래 중요한 문서의 기록과 관리를 담당했는데, 시간이 지나 황제에게서 사건 재판 권한을 받았다. 상서대 아래 감옥을 관리하는 '삼공조'가 있었다. 지방에서는 군수와 현령이 행정과 사법을 모두 맡았다. 지방 관리 아래에 전문 사법 관리들이 있어서 사건 수사, 범인 체포, 소송 처리, 감옥 관리 업무를 했다.

혼란기 이후 수나라의 법체계

220년 한나라가 멸망하고 이후 수백 년간 중국에는 여러 왕조가 등장했다 사라졌다. 581년 다시 중국을 통일하고 수나라를 세운 '문제'는 법률 제도 개혁에 관심을 가지고 '개황률'이라는 법을 만들었다. 수문제는 사건을 판결할 때 법률에 따를 뿐만 아니라 판결 근거가 되는 조항을 명확히 적도록 규정했다.

당시 금속으로 만든 화폐는 그 자체로 가치가 있었다. 깨지거나 닳아서 무게가 줄면 가치도 그만큼 줄어들어서 '나쁜 돈'이라고 했다. 무게가 온전한 돈은 '좋은 돈'이었다. 한번은 시장에서 나쁜 돈을 좋은 돈으로 교환한 사람이 붙잡혔다. 수문제는 이 사람을 사형에 처하도록 명령했다. 그러자 당시 형부 시랑(오늘날 법무장관 격)이었던 조탁이 '법에 따르면 이러한 범죄는 장형(나무 몽둥이로 엉덩이나 허벅지를 때림)만 가능하고, 사형은 법적 근거가 없다'라고 간언했다. 논쟁 끝에 수문제는 자기 뜻을 거두었다.

또한 수문제는 귀족이나 고위 관리가 불법을 저질렀을 때 예외 없이 처벌하도록 했다. 수문제에게는 다섯 아들이 있었는데, 셋째아들이 불법 대출을 일삼으며 사치가 심했다. 수문제가 그를 처벌하기로 하자 신하들이 앞다투어 처벌을 말렸다. 이에 수문제는 다음과 같이 말했다고 한다. "내게 다섯 아들이 있는데, 그들을 위해 '황제 아들 법률'을 따로 제정해야 한단 말인가? 나는 비록 덕행과 재능에서 옛 현인에 미치지 못하지만, 사적인 감정에 치우쳐 국법을 어길 수는 없다."

법률 사상과 제도가 틀을 갖춘 당나라

수나라를 이은 당나라에서는 '정치와 사회 질서는 덕과 예를 근본

으로 하고, 형벌은 덕과 예를 돕는 수단이다'라는 사상을 으뜸으로 두
었다. 여러 법률과 사례를 종합하고 해석한『당률소의』라는 책을 만
들었는데, 이 책은 중국뿐 아니라 한국과 일본 등 동아시아 국가 법률
체계에 큰 영향을 미쳤다.

『당률소의』로 보는 당나라의 네 가지 법률 형식

이름	내용
율(律)	죄를 정하고 벌을 주는 법.
령(令)	제도를 규정하는 법.
격(格)	황제가 내리는 명령인 '칙'을 모아 정리해 펴낸 것. 법은 아니지만 재판에서 공식적으로 사용했다.
식(式)	국가 기관에서 이용하는 업무 방침.

당나라 중앙 최고 재판소로는 '대리사大理寺'가 있었다. 이곳에서
는 관리의 범죄, 수도에서 발생한 중요 사건을 재판했으며, 지방에서
내린 사형 판결 사건두 재검토했다. '형부刑部'에서는 주로 사건을 새
검토했다. '어사대御史台'에서 대리사와 형부를 감독했다.

중대한 사건이나 의문이 쉽게 풀리지 않는 사건은 대리사, 형부, 어
사대의 책임자들이 함께 심리했다. 이를 '삼사추사'라 했다.

당나라의 지방 행정 기관으로는 주와 현이 있었다. 주에서는 주자
사(주를 다스리는 책임자)를 도와 '법조참군(사법참군)'이 형사 사건을,

'호조참군(사호참군)'이 민사 사건을 처리했다. 현에서도 현령(현을 다스리는 책임자)을 도와 사건을 처리하는 관리가 있었다. 그보다 더 작은 행정 단위인 리와 정에서는 지역 유력자나 토박이가 혼인, 토지 분쟁 등 민사 사건 심판에 참여했다.

삼국 시대의 법과 재판

엄격한 고구려 법

고구려는 373년(소수림왕 3년) '율령'을 반포했다. 율령은 중국에서 발전한 성문법이다. '율'은 범죄를 처벌하는 형법, '령'은 각종 행정 절차와 제도를 정한 법이다. 고구려 율령에 관한 자세한 기록은 남아 있지 않지만, 역사서에 전해지는 내용을 보면 상당히 엄격했음을 알 수 있다. 반역자는 몸에 불을 지른 뒤 목을 쳤고, 재산은 몰수했다. 도둑은 훔친 물건 가치의 10배를 보상해야 했는데(12배라는 기록도 있다) 만일 보상할 수 없으면, 자식이 노비가 되었다. 다른 이들의 말이나 소를 죽여도 노비로 삼았다.

고구려는 다섯 지역(5부)이 모여 세워진 나라였다. 이 5부의 지도자들이 고구려의 핵심 지배층이었다. 죄인이 생기면 이들이 회의를 열어 재판했는데 '제가 회의(제가 평의)'라고 했다. 감옥이 없었고, 죄인은 즉각 처형했으며 죄인의 아내와 자식은 노비가 되었다. 작은 죄는 각 부에서 재판하고, 중대한 사건을 제가 회의에서 재판했을 것이다. 제가 회의는 왕권이 강화되면서 점차 힘이 약해지고, 재판관의 역할도 왕이 임명한 신하들에게 넘어갔을 것으로 추측한다.

정교한 백제 법

백제는 4세기 중반 이후 적극적으로 영토를 확장하고 국가 제도와 법률 체계를 정비했다. 율령을 반포한 정확한 연도는 알 수 없지만, 고구려보다 조금 늦은 4세기 중반에서 5세기 초에 율령을 반포했다고 짐작한다.

백제 법은 고구려 법에 비해 관대했다. 반역자나 군인 신분으로 도망친 자, 살인자는 사형에 처했다. 하지만 살인했더라도 노비 셋을 바치면 풀려날 수 있었다. 멀리 떨어진 지역으로 쫓아 보내는 '유형'도 있었다. 도둑은 살던 곳에서 멀리 보내고, 훔친 물건은 2배로 갚게 했다. 백제에는 관리를 처벌하는 법도 있었다. 뇌물을 받거나 도적질한 관리는 3배를 물어내고 평생 가두어 두었다.*

백제도 초기에는 지역 중심으로 재판하고, 고구려의 제가 회의와

* 『삼국사기』「백제본기」

비슷한 '남당'이 중요 재판을 담당했으리라 추측한다. 이후 '사구부'라는 부서가 형벌 업무를 맡았다. 백제의 최고 관직은 '좌평'이었는데, 6세기 중반이 되면 국가 행정 업무를 여섯 좌평이 나누어 담당했다. 그 중 '조정좌평'이 형벌과 감옥에 관한 업무를 책임졌다. 사형은 지방에서 판결하지 않고 수도로 보내 왕이 심판하도록 했다.

법률 체계 정비가 늦었던 신라

신라는 서라벌 주변 여섯 마을(6부)을 중심으로 세력을 키웠다. 고구려, 백제와 마찬가지로 각 부의 대표가 모여 중요한 사건을 재판했다. 신라는 지리적으로 중국과 직접 교류할 수 없었고, 고구려와 백제를 통해 간접적으로 접했다. 이 때문에 중국에서 확립된 율령 체계를 뒤늦게 받아들여서, 다른 나라보다 늦은 520년(법흥왕 7년)에 율령을 반포하고 단일한 법률 체계를 갖추게 되었다.

삼국 통일 이후 사법 제도를 확립한 신라

신라에서는 율령 반포 후 130여 년이 지난 651년(진덕왕 5년)에 법률을 관장하는 '좌이방부'가 만들어졌으며, 667년에 '우이방부'가 추가되었다. 758년에는 이방부에 법률 전문가인 '율령박사'를 두었다. 이들은 법률을 개정하고 지방 관리들의 법률 관련 문제에도 답을 해 주었다. 이후 '율령전'이라는 부서도 만들어 여기에도 율령박사를 두었다.

8세기 무렵 신라는 법률 체계를 완성했다. 같은 재판을 상급 법원에서 다시 판결하는 '심급' 제도도 있었다. 법률은 지방 최소 행정 단위까지 적용되었다. 하지만 9세기 초가 되어 왕의 권력이 약해지고 지방에서 반란이 일어나면서 율령도 효력을 잃게 되었다.

중세 이후
법체계와 판사

사람들의 삶이 다양해지는 만큼 법도 정교해지고 판사의 역할도 더욱 중요해졌다. 중세 시대에는 재판이 어떻게 이루어졌는지 살펴보고, 이후 유럽에서 발전한 두 가지 법체계인 보통법과 대륙법을 비교해본다. 또, 유럽 여러 나라가 다른 지역을 식민지로 삼으면서 자신들의 법체계를 어떻게 퍼뜨렸는지 본다. 아시아에서는 근대 중국이 서양식 법 제도를 어떻게 받아들였는지, 우리나라의 고려 시대와 조선 시대의 법 제도는 어떠했으며 판사에 해당하는 관직은 무엇이 있었는지 알아본다.

발전하는 도시와 사법 체계

교회법과 사제 판사

로마 제국 멸망 후 서양 세계는 가톨릭교회가 주도했다. 당시 최고 권위였던 '교회법 Canon law'은 교회의 법률 시스템으로, 교회 조직, 의식, 신학적 교리, 성직자와 신자가 지켜야 하는 규범 등으로 이루어져 있었다. 중세의 교회법은 유럽 사회 전체에 영향을 끼쳤다. 또한 교회법은 유럽 대부분 지역의 법률 발전에 바탕이 되었다. 현대의 다양한 민법도 교회법의 영향을 받았다.

교회에는 교회 법원이 있었다. 이 법원에서는 고위 성직자나 수도사가 판사 역할을 했고, 성경과 교회 교리가 판결의 근거가 되었다. 교회법이 법 제도의 중심이었던 수백 년 동안 유럽에서 법률 관련 전문 직업은 거의 사라졌다.

영주와 귀족이 판결하는 중세 봉건제 사회

중세는 봉건제 사회였다. 지역마다 그 지역을 다스리는 영주가 있었다. 이들은 자기 영토 내에서 발생하는 갈등과 범죄를 판결했다. 지역마다 전해지는 법률과 관습을 판결 근거로 삼았으나, 보통 영주가 마음 내키는 대로 법을 해석하고 적용했다.

판사도 법률 전문가는 아니었다. 대개 영주를 대리하는 부관이 재판관 역할을 했다. 이들은 직접 법을 집행하기도 했는데, 이들은 종종 벌금이나 몰수한 재산에서 일부를 떼어 자기 몫으로 가져갔다.

법정은 언제든 필요할 때면 열었다. 장소가 마땅치 않으면 야외에서 재판하기도 했다. 피고와 원고를 대신하는 법률 대리인은 없었다. 재판에는 상류층 시민들이 참여했다. 이들은 법정 질서를 유지하고, 때로 배심원 역할을 하기도 했다.

시련 재판과 결투 재판

판사가 필요 없는 재판도 있었다. 예를 들어, 범죄를 저질렀다고 의심받는 사람에게 불이 활활 타오르는 길을 걷게 하거나 뜨겁게 달군 쇠를 들어 옮기게 하는 것이다. 이들이 상처 없이 무사히 해낸다면 신이 무죄를 인정한 것으로 받아들였다. 때로는 교회에서 축복을 내린 빵을 먹게 하기도 했는데, 만약 범죄자라면 이 빵을 먹었을 때 탈이 나거나 목숨을 잃을 것이라 믿었다. 이런 재판을 '시련 재판'이라 했

다. 시련 재판은 대부분 사제
가 신의 권위를 보여주기 위해
미리 짜둔 시나리오를 따랐다.
원하는 결과를 얻기 위해 여러
속임수를 동원하기도 했다. 시
련 재판은 교회와 국가에서 금
지하기 전까지 수백 년간 이어
졌다.

시련 재판

갈등 당사자끼리 목숨 걸고
싸우는 '결투 재판'도 있었다.
패배한 사람은 죄를 지은 것이
라고 여겨서 결투에서 살아남
아도 처벌받았다. 여인이나 나

결투 재판

이가 많아 직접 싸우기 힘든 사람은 대신 싸워줄 사람을 내세웠다. 이
런 대리자를 '챔피언'이라 불렀다. 교회가 야만적인 풍습이라고 금지
했으나 결투 재판도 오랫동안 이어져 19세기까지 계속되었다.

발전하는 도시와 법체계

10세기가 지나며 유럽 사회가 안정되었다. 인구와 농업 생산이 늘
면서 상업도 발전하고, 멀리 떨어진 지역과도 교역하기 시작했다. 오

1460년경 영국 왕립 법원을 묘사한 것으로 알려진 그림

래된 도시가 활기를 띠고, 교역 중심지에는 새로운 도시가 성장했다. 상인과 수공업자가 도시로 몰려들었다. 도시에 사는 사람들은 자유민이었다. 도시를 다스리는 영주에게 세금이나 임대료를 내는 대신, 영주는 도시민의 재산을 함부로 빼앗지 못했다.

시간이 지나며 상인과 수공업자들이 도시를 다스릴 자치권을 얻게 되었다. 영주의 세력을 견제하려는 왕이 시민들에게 힘을 실어준 결과이다. 도시가 커지며 법정은 더욱 중요해졌다. 시장이나 유력자들이 판사 역할을 하면서 재판을 이끌었다.

법률 관련 전문직은 왕실 법정에서 성장했다. 왕실은 법령, 칙령, 포고문 등을 공식 문서로 만들어 세상에 알렸다. 문서에 실린 법률은 내용이 복잡해서 잘 훈련된 '왕실 판사'가 왕실 법정을 주관했다. '순회 판사'는 전국을 돌며 국가에서 만든 단일한 법을 기준으로 판결했다. 이들은 왕권을 강화하고 중앙 집중 정치 체계를 수립하는 데 크게 이바지했다.

도시를 다스리는 영주를 대신해 갈등을 조정하고 재판을 진행하는 사법 관리가 생겼다. 대표적으로 프랑스에는 '프레보(Provost)'라는 관직이 있었다. 프레보는 대개 부유한 시민층인 '버거(Burgher)' 출신이었다. 이들은 세금 징수, 토지 관리, 농작물 생산 관리 등을 담당했다. 분쟁이 생기면 재판을 주관하고 판결하는 판사 역할도 했다. 벌금을 거두고, 죄인으로부터 재산을 몰수하는 등 법을 집행하는 일도 했다. 프레보는 범죄를 저질렀다고 의심받는 사람을 혹독하게 심문했다. 이빨을 뽑고, 팔다리를 늘리고, 가슴에 무거운 벽돌을 올리는 등 고문도 서슴지 않았다. 프레보가 내리는 판결도 가혹했다. 손을 자르고, 달군 쇠로 낙인을 찍고, 채찍으로 매질했다. 그래서 범죄 혐의를 받는 부유층들은 이러한 심문이나 판결을 피하기 위해 프레보에게 뇌물을 듬뿍 바치기도 했다.

보통법과 대륙법

로마법에 기반한 대륙법의 발전

유럽 대륙에는 가톨릭교회를 통해 전해진 로마법 체계가 오랫동안 남아 있었다. 르네상스 시기 유럽 학자들은 고대 그리스와 로마 연구에 몰두했으며, 로마법 연구도 성행했다. 동로마 제국 유스티니아누스 황제가 정리한 『시민법대전(유스티니아누스 법전)』이 유럽 대륙 법률의 토대가 되었다.

로마인들은 국가 권력이 법을 만들고 집행한다고 믿었으며, 정확한 법조문을 강조했다. 유럽 대륙의 법률 체계인 '대륙법Civil law'은 이러한 로마법의 사상을 토대로 발전했다. 대륙법은 입법기관에서 만든 법조문을 근거로 했다. 문서로 공포된 법조문만 효력이 있었다. 법을 해석할 때 판례를 참고할 수는 있었지만, 법조문이 우선이었다.

왕실 법정은 화려했다. 대표적으로 프랑스는 거대한 궁정 회의실에서 법정을 열었다. 재판 외에도 의회가 열리거나 연극을 공연하는 장소이기도 했다. 이 회의실에서는 귀족과 관련된 사건, 지방에서 항소한 사건 등을 다루었다. 왕실 치안판사가 재판을 주관하고 파리 의회 의원들이 배심원으로 참여했다. 그에 비해 지방 법원은 초라했다. 지방 판사는 법률 훈련도 제대로 받지 못한 사람들로, 보수도 적었다. 이들은 각 지역을 돌아다니며 재판을 주관했다. 들판, 헛간 등 여기저기에서 형편 닿는 대로 법정을 열었다. 1673년 왕이 지역마다 상설 법정을 설치하라고 명령을 내렸지만, 제대로 실행되기까지는 100년이 넘게 걸렸다.

16~18세기 유럽 여러 국가는 왕이 모든 권력을 장악한 절대 왕정 국가였다. 영주들은 힘을 잃었고, 새로 성장한 시민 계급이 왕을 지지했다. 대륙법은 절대 왕정에 걸맞게 작동했다. 왕이나 군주는 법률을 자신이 원하는 대로 적용하고 싶어 했다. 대륙법 체계에서 판사의 능력은 중요하지 않았다. 판사는 '완전하다고 여겨지는 법'을 그대로 적용하기만 하면 됐다. 새로운 해석이나 판단은 필요 없었다.

대륙법 체계의 판사

대륙법 체계를 따르는 국가는 사법 시스템을 엄격하게 적용했다. 이들 국가에서 법은 문서로 정해져 있었다. 판사는 사건에 해당하는 법 조항을 찾아 적용하고, 법이 제대로 시행되는지를 감시했다. 이런 사법 기능은 국가 권력을 강화하는 역할을 했다.

이탈리아 출신 체사레 베카리아는 대륙법을 지지하는 대표적인 법학자였다. 그는 오로지 법이 범죄의 처벌을 결정한다고 믿었다. 법은 그 사회를 대표하는 입법기관에서 만들기 때문에 판사는 법을 마음대로 해석할 수 없다고 주장했다. 또한 법이 애매모호하면 법을 해석하는 소수가 권력을 가지게 되기에 일반 대중을 위해서는 법이 명확하고, 빈틈이 없어야 한다고 믿었다.

법을 해석하는 대륙법 체계의 최고 재판소

하지만 법을 아무리 잘 만들었더라도 '완벽'하기는 어렵다. 따라서 대륙법 체계에서도 법 해석의 여지가 있었다. 그래서 대부분 나라에서는 상소 법원을 두었다. '상소'는 재판 결과에 불만을 품은 당사자가 보다 상위 법원에 다시 재판해 달라고 청하는 일이다. 상소 법원 판사는 기본 증거와 재판에 적용한 법을 다시 검토하는 특별한 권한을 가졌다.

국가마다 가장 권위가 높은 최고 법원이 있었다. 이 최고 법원의 판사들에게는 헌법과 법률을 해석할 수 있는 권한이 있었다. 최고 재판소 판사는 경험이 많고 존경받는 판사들로 이루어졌다. 최고 재판소의 판단은 다른 법원의 모델이 되었다. 초기 최고 재판소는 '만장일치'로 판결을 정했다. 일부 다른 의견이 있더라도 공개하지 않았는데, 소수 의견을 공개하면 법의 권위가 손상된다고 믿었기 때문이다. 하지만 시간이 지나면서는 소수의 의견도 공개하기 시작했다.

보통법이 발달한 영국

1066년 잉글랜드 왕 에드워드가 세상을 떠났다. 이후 왕좌를 놓고 벌어진 전쟁에서 승리한 노르망디의 윌리엄 공작이 새로운 왕이 되었다. 윌리엄 왕은 잉글랜드 전체에 적용되는 '보통법Common law'을 만들었다. 관습법이나 판례법이라고도 한다. 모두에게 동등한 법을 적용하기 위해서 보통법은 이전 재판에서 내린 판결인 '판례'를 따른다. 즉, 한 사건의 판결이 이후 재판의 법적 기준이 되는 것이다.

시대가 달라지고 사회가 변화하면서 이전에는 없었던 새로운 상황과 갈등이 생겨났다. 이전 판례를 적용할 수 없는 사건에 대해 판사는 새로운 판결을 내려야만 했다. 이 판결은 이후 재판의 판례가 되면서 법은 점점 변화했다. 이렇듯 보통법 체계에서 판사는 법을 해석하는 것 외에도 법을 바꾸고, 발전시키는 역할을 했다.

재판의 판결은 배석판사(혹은 서기나 법률 학생 등 법정참관인)가 주의 깊게 기록하고 요약한 후 매년 '연보Year Book'라는 이름으로 출간했다. 연보에는 재판에 관한 사실, 변호사들이 제기한 문제와 논쟁, 판사가 내린 결정 등이 담겼다. 원래는 법을 공부하는 이들을 위한 교

1607년 케임브리지 대학교 법학 교수인 존 코웰은 『해석자(Interpreter)』라는 법률 사전을 편찬했다. 이 책에서 코웰은 대륙법을 지지했다. 왕의 절대 권력을 인정하고, 신으로부터 받은 지혜를 찬양했다. 영국 의회는 크게 화가 나 코웰을 재판에 넘겼고, 그는 결국 감옥에 갇혔다. 코웰이 쓴 책은 거두어져 대중 앞에서 불태워졌다. 코웰은 1611년 감옥에서 풀려나온 지 얼마 되지 않아 세상을 떠났다.

과서로 시작했지만, 결과적으로는 13~16세기 잉글랜드 법정과 판사의 활동을 담은 귀중한 자료가 되었다.

법률 교육

13세기 초까지는 성직자들이 법을 가르쳤다. 그러나 1218년, 교황은 잉글랜드 세속 법정에서 성직자가 일하는 것을 막았다. 세속 법정에서는 로마법이 아닌 보통법이 적용되었기 때문이다. 그 결과 일반

영국 법학원 문장. 왼쪽 위에서부터 시계 방향으로 링컨인, 미들템플, 이너템플, 그레이인 문장

사람들이 법률 업무에 뛰어들게 되었다. 이들은 법률 조합을 만들고,

중세 유럽에서는 누군가 살해당하면 그의 가족이나 친구가 가해자를 죽여 복수하는 일이 흔했다. 꼬리에 꼬리를 무는 복수가 계속되자 이를 막기 위해 '사람값(Weregild)'이라는 제도를 도입했다.

왼쪽에 살해당한 아이가 있고, 오른쪽에 사람값을 지급하는 모습을 그렸다. 13세기 독일 법전 『하이델베르크 작센슈피겔』 중에서

다른 사람에게 상처를 입히거나 죽인 가해자는 벌금을 내야 했다. 가해자가 형편이 안 되면 가족이나 친척이 대신 내야 했다. 이 벌금은 피해자의 가족 또는 친척에게 배상금으로 주어졌다. 신분이나 지위에 따라 사람값은 달랐다. 신분이 높을수록 비쌌다. 여성은 자유민 절반 정도 값이었고, 노예는 사람값이 없었으나 재물처럼 값어치를 매겨 그에 따라 대가를 치렀다. 대개 사람값을 치르면 더는 처벌하지 않았지만 죄가 크면 추방이나 신체적 처벌 등을 더했다. 이렇듯 사람값은 사회 질서와 안정을 유지하는 도구였지만, 피해자 가족이 배상금이 적다고 여겨 복수하는 일도 있었다.

함께 모여 공부하고 토론하기 시작했다. 이 모임은 법률 전문가, 변호사를 양성하는 '법학원Inns of Court'으로 발전했다. 이들은 변호사 자격을 따기 위한 준비 기관으로, 자체적인 규칙과 전통이 있었다.

공정한 재판을 위한 제도

보통법 제도는 시련 재판이나 결투 재판 같은 중세 시대의 다른 사법 제도보다 분명히 발전한 형태였다. 판사는 마음대로 판결하지 않고 법적 증거를 찾았다. 보통법 체계에서 판사는 강력한 권한을 가졌는데, 이 점이 오히려 약점이 되기도 했다. 판사가 돈을 받고 사건을 마음대로 처리하는 것을 감시하기 어려웠던 것이다. 원고나 피고는 판사에게 돈이나 재물을 바치고 유리한 판결을 끌어내려 했다. 반대로 판사에게 뇌물이 통하지 않으면 재판 당사자 가족이 판사를 협박하고 폭력을 가하는 일도 있었다.

판사를 부패와 위협에서 보호하기 위한 다양한 제도가 생겨났다. 판사의 판결에 따라 이득을 얻을 수 있는 개인이나 집단의 증언은 받아들이지 않았고, 원고나 피고와 관계있는 사람의 증언은 일부만 인정했다.

'배심원Jury' 제도도 등장했다. 재판 당사자와 같은 사회적 지위를 가진 시민을 배심원으로 선정했다. 이들은 증거가 타당한지 따져서 유죄와 무죄를 결정했다. 배심원은 상식에 근거해 논리적으로 증거를 따지면서 판사의 절대 권력을 견제했다. 판사는 배심원이 증거와 증언을 공정하게 판단할 수 있도록 전체 법정을 감독하고 재판 진행을 통제했다.

의회가 발전하며 축소된 판사의 역할

13세기 후반 영국에 의회가 생겼다. 귀족, 성직자 등 특권 계급 출신뿐 아니라 시민들도 의회 의원이 되었다. 의회는 왕의 막강한 권력을 견제했다. 시간이 흐르며 의회는 점점 강력해졌고, 14세기부터는 의회가 법을 만드는 기관이 되었다.

의회 입법 기능이 확장되며 판사의 역할은 줄어들었다. 시간이 흐르며 의회의 입법 기능이 강화되자 법률을 명확한 문서로 남기려는 움직임이 커졌다. 법률을 문서로 만들면 판사가 마음대로 법을 해석할 수 없고 일정한 판결을 내릴 수 있기 때문이다. 하지만 영국은 전통적으로 관습과 판례에 따라 법이 만들어지고 바뀌는 불문법에 익숙했다. 시민들도 상황에 따라 유연하게 변화하는 체계를 좋아했다.

지방 치안판사와 재판

중세 영국은 '샤이어 Shire'라는 단위로 행정 구역을 나누었다. 왕실에서 임명한 '리브 Reeve'라는 관리가 샤이어를 책임졌다. 이들은 샤이어의 세금을 걷고, 분쟁이 일어나면 해결하고, 법을 어긴 사람을 체포하기도 했다. 샤이어 리브는 시간이 지나며 '세리프 Sheriff'라는 이름으로 변했다.

에드워드 3세는 1361년 '치안판사*'라는 직책을 도입했다. 치안판사는 소규모 범죄와 민사 분쟁을 다루었다. 지역 주민들이 같은 지역 사람 중에서 치안판사를 뽑았다. 대개 지방 유지나 귀족, 혹은 성직자였는데 보수를 따로 받지 않았다. 치안판사는 의회 의원으로 진출하기 위한 좋은 디딤돌이었기 때문에 명성을 위해 자원하는 사람도 있었다. 그러나 무보수로 일할 치안판사를 찾기 힘든 마을도 있었는데, 돈을 주고 치안판사를 고용하려면 먼저 왕에게 허가받아야 했다.

세리프와 치안판사는 협력 관계였다. 왕이 직접 임명하는 세리프의 지위가 더 높았고, 치안판사는 세리프를 도왔다. 치안판사가 주로 법을 해석하고 판결했다면, 세리프는 주로 법을 집행하고 공공 안전과 질서를 유지하는 데 힘썼다.

* 고대 치안판사와 명칭은 같지만 권한과 지위는 크게 다르다.

로빈 후드는 영국 전설의 유명한 의적이다. 그는 셔우드라는 숲에서 동료 수십 명과 함께 악덕 관리에 맞서 싸우고, 부자를 약탈하여 가난한 사람들을 도왔다. 이때 로빈 후드를 잡으려 혈안이 된 악덕 관리가 '노팅엄의 세리프'이다. 그는 혹독하게 세금을 거두어 백성들로부터 원성을 산 지역 치안판사였다.

와이어트 어프

미국의 세리프는 우리말로 '보안관'이라 한다. 서부 영화에서 마을을 지키고 범죄자를 잡아들이는 영웅으로 자주 등장한다. 가장 유명한 미국 보안관 '와이어트 어프'는 많은 소설과 영화 주인공의 모델이 되었다. 지금도 미국, 호주, 뉴질랜드, 캐나다 같은 영연방 국가에는 법을 집행하는 보안관, 세리프가 남아있다. 나라마다, 지역마다 하는 일은 다르다.

북아메리카 식민지의 법

북아메리카 영국 식민지의 법

1607년 영국은 북아메리카에 제임스타운이라는 마을을 처음으로 세웠다. 이후 영국으로부터 이주민들이 넘어오며 법체계가 필요하게 되자 주지사나 시장이 법원을 세워 판사 역할을 했다. 초기 식민지에 대한 입법권과 사법권은 모국인 영국에 있었다. 법조인은 대부분 영국 출신이었고, 영국의 재판 판례를 활용했다. 판결에 불만을 가진 사람은 영국 법원에 다시 호소해야 했다.

종교 기반의 사법 체계를 만들려고 시도한 사람도 있었다. 영국 출신의 법률가 존 윈스롭은 1630년 미국으로 이주하여 매사추세츠만 식민지 건설을 이끌었다. 윈스롭은 성경과 하나님의 말씀에 따라 사회가 운영되어야 한다고 믿었다. 청도교 치안판사들은 세속 사건과 종교 사건을 모두 판결했고, 영국 보통법을 그대로 받아들이지 않고 새로운 법률을 적용했다. 흡연, 카드놀이, 댄스, 수입 신발, 레이스 장식 등은 엄격히 금지되었다. 하지만 윈스롭이 내세우던 종교적 믿음과 법률 사상은 그가 죽은 뒤 금방 힘을 잃었다.

미국의 법정은 법률 훈련을 받은 적 없는 사람들로 채워졌다. 예를 들어 17세기 말 뉴욕 치안판사는 은퇴한 군인이었다.

프랑스의 법을 바탕으로 하는 루이지애나주

프랑스도 1534년 자크 카르티에의 탐험을 바탕으로 북아메리카를 식민지로 삼았다. 17세기 초 프랑스는 퀘벡, 몬트리올, 뉴펀들랜드섬, 루이지애나를 정복했다. 이 지역을 '새 프랑스Nouvelle-France'라 부른다. 새 프랑스는 프랑스 왕이 소유했다. 왕은 지주에게 토지 소유권을 나눠주고 대신 임대료를 받았다.

새 프랑스는 프랑스법을 따랐고, 총독이 최고 재판관을 겸했다. 1640년부터는 '세네살Seneschal'이라는 판사를 임명했지만, 실제 재판은 세네살을 보좌하는 관리들이 담당했다. 각 지역을 돌아다니며 재판을 주관하는 판사도 있었으나 법률 전문가는 아니었다. 프랑스 식민지였던 루이지애나주의 주법은 지금도 미국의 다른 주와 다르게 대륙법 특징을 띤다.

합리주의 시대

자연법 사상과 판사

17세기 말부터 18세기에 걸쳐 유럽 사회에는 이성, 과학, 자유와 같은 가치를 중요하게 여기는 흐름이 생겼다. 종교에 대한 의존을 줄이고 인간의 이성을 사회 발전의 근본으로 삼기 시작한 것이다. 이 시기를 '합리주의 시대' 혹은 '계몽시대'라 한다.

이에 따라 인간 이성과 자연 질서를 근본으로 하는 '자연법Natural law' 사상이 자리 잡기 시작했다. 자연법 사상은 오로지 군주만이 이 세상에 무엇이 좋은지 판단할 수 있다는 사상과 날카롭게 대립했다.

합리주의 사상에 기반을 둔 보통법 체계에서 사회 질서와 공공복지는 왕이나 군주의 법조문으로 보장되지 않았다. 판사가 매일 내리는 판결이 보호했다. 영국은 합리주의를 적극적으로 수용했다.

체제 유지를 위해 봉사하는 영국 판사

산업 혁명 이후 산업화와 경제 발전으로 사회가 복잡해지며 새로 생기는 문제가 많았다. 제대로 교육받고 훈련된 전문 법조인의 필요성은 더욱 커졌다. 사회를 쥐락펴락하는 힘은 자본가들에게 넘어갔다. 그들은 공장에서 노동력을 착취했고, 심지어 아이들에게도 적은 돈을 주고 장시간 힘든 일을 시켰다. 그러나 많은 법원은 고용주나 자본가 편에 서서 그들을 보호하는 역할을 했다. 대부분 판사가 기존 질서를 안정적으로 유지하는 것을 더 중요하게 여겼기 때문이다.

1789년 프랑스 민중이 혁명을 일으켜 왕을 처형하였다. 유럽 여러 나라 권력층은 이 사건을 문명 세계에 대한 위협으로 여겼다. 특히 노동자를 기존 질서를 뒤집으려는 음모를 꾸미는 자들이라고 생각했다. 법정에서는 노동 계급을 표적 삼아 억압했다. 심지어 판사가 그 지역의 공장이나 광산을 소유한 자본가인 경우도 있었다. 판사는 소유한 광산에서 파업을 일으킨 광부를 잡아 마구 가두기도 했다. 불량배나 전과자를 몰래 고용해 노동자에게 불리한 증언을 히도록 꾸미는 일도 있었다.

이러한 문제가 심각하다고 지적하며 사법 제도를 고쳐야 한다는 주장도 생겨났다. 상황은 조금씩 개선되었다. 영국 의회도 노동자들의 목소리에 귀 기울이기 시작했고, 공정한 판사를 임명하기로 약속했다.

1749년 영국 런던과 미들섹스 지역을 담당한 치안판사 '헨리 필딩'은 범죄 예방과 범죄자 체포를 위한 새로운 방식을 도입했다. 그는 뛰어난 현상금 사냥꾼 6명을 정식으로 고용했다. 이들은 범죄 신고가 들어오면 출동해 현장을 조사하고, 범인을 수사하고 체포했다. 이들은 주로 활동하던 거리 이름을 따 '보우 스트리트 러너'라는 별명으로 불렸다.

헌법과 미국 판사

근대화와 산업화가 진행되면서 각 국가는 헌법을 만들기 시작했다. '헌법'은 국가 조직과 운영, 국민의 기본권과 의무 등을 담은 가장 기본적인 법이다. 헌법은 다른 법률 제정의 기반과 해석의 기준이 되었다.

미국 헌법은 사법부에 모든 법률을 심사할 권한을 주었다. 그 결과 미국 판사는 다른 국가의 판사와 비교했을 때도 정치적인 영향력이 컸고, 정부 내에서도 권력을 지니게 되었다. 법원은 법률 제정 권한을 지닌 의회와 자주 충돌했다.

근대 이전 중국의
법체계와 법관

송나라 법률의 특징

당나라 시기 지역의 군대를 지휘하던 절도사는 중앙 정부의 힘이 약해진 틈을 타 세력을 키웠다. 이들은 행정, 사법 등 모든 권한을 장악했다. 절도사는 스스로 법을 어기는 일도 많았고 사건 판결도 마음대로 했다. 그 아래에서 재판을 담당하는 관리들도 법령을 제대로 알지 못했다.

당나라가 망한 이후 혼란스러웠던 중국은 조광윤이 960년 송나라를 세우면서 통일되었다. 당나라 때와 같은 일이 없도록 송나라 초기 통치자들은 법률 전문가인 '율학박사'를 두고 관리를 가르치고 평가하도록 했다. 모든 관리는 법을 배웠고, 법률 시험을 치러 가장 낮은 등급을 받으면 벌금을 물기도 했다.

송나라 시기 농업 기술이 발전하며 식량 생산이 늘었고 도자기, 종이, 염색 등의 공업도 발달하면서 경제가 성장했다. 자연스럽게 활발한 상업 활동이 뒤따르며 상품 판매, 이익 분배 등 경제 관련 법률도 많아졌다. 성문법을 보충하기 위한 '판례'가 도입되었고, 사법 기관의 판결을 모은 『단례』라는 책이 정기적으로 출판되었다. 중앙 관청이 하급 관청에 내린 지시는 『지휘』라는 책으로 펴냈다. 판사가 판결할 때는 『단례』를 인용했고, 관리가 일을 처리할 때는 『지휘』를 참고했다.

송나라 사법 기관

송나라의 사법 기관은 당나라 때와 유사했다. 최고 재판소인 '대리사', 사법 행정과 재심을 담당하는 '형부', 관리를 감시하는 '어사대'가 있었다. 송나라 초기에는 대리사에서 재판한 사건을 다시 검토해 황제에게 보고하는 '심형원'이라는 기관도 있었다.

지방에서는 행정 단위마다 사법 담당 관리가 재판을 진행했다. 송나라 수도인 개봉의 '개봉부'에서는 수도에서 일어나는 사건과 소송을 처리했다. 개봉부는 때로 황제가 직접 지시하는 사건을 맡기도 했다. 중앙에서는 '제점형옥사'를 지방으로 파견해 지방에서 이루어진 판결이 공정한지, 관리들이 법을 제대로 집행하는지, 부정부패는 없는지를 감시했다.

'포증'은 중국을 대표하는 청렴한 관리이자 명 재판관이다. 포청천이라고도 한다. 1027년 과거에 급제하여 관직에 나선 포증은 지방 관직을 거친 후 감찰어사로 불법을 저지르는 관리를 몰아내고 부패를 척결했다. 그는 권력이나 재물을 가진 자에게 아부하거나 타협하지 않았고, 억울한 백성을 돕는 공정한 판결로 명성을 얻었다.

백성들은 포증이 죽은 후에도 그를 그리워했다. 포증을 주인공으로 하는 희극과 시가 많이 등장했다. 포증은 20세기까지도 각종 소설이나 드라마 주인공으로 나왔다. 우리나라에서도 1993년 〈판관 포청천〉이라는 TV 드라마가 상영되어 큰 인기를 끌었다.

중국 경극에 나오는 포청천

몽골에 뿌리를 둔 원나라의 사법 제도

과거 몽골 부족은 부족장이 백성에게 '자사'라는 명령을 발표했는데 이는 말로만 전해졌다. 그러나 몽골도 국가를 세우고 세력을 키워가며 법규를 정비하고 문서로 기록했다. 1225년에는 황제 즉위 또는 전쟁 시 법률로 삼는 '대자사'를 발표했다. 대자사에는 유목민 사회 질서를 유지하는 조항, 생활 습관, 관습 등을 담았다.

1271년 몽골이 중국을 차지하고 원나라를 세웠다. 원나라는 몽골식 제도를 유지하면서 중국식 법 제도를 일부 받아들였다. 원나라는 종합 법전을 새로 만들어 발표하고, 중앙 사법 기관으로는 최고 재판소 격인 '대종정부'를 두었다. 형부도 있었지만 이전보다 권한이 크게 줄었다. 승려와 관련된 사건을 다루는 '선정원'이라는 기관도 있었다. 지방은 사법과 행정 기관이 따로 분리되어 있지 않았고, 지방의 재판은 몽골인인 '다루가치'가 담당했다. 다루가치는 지방의 장관보다도 높은 관직이었다.

간단하고 엄격한 법을 내세운 명나라

1368년에는 한족인 주원장이 원나라를 무너뜨리고 명 왕조를 열었다. 주원장은 중국을 통일해 강력한 중앙집권 체제를 만들었다. 그는 원나라가 너그러운 정책과 법 때문에 멸망했다고 생각했다. 그래서 강력한 법으로 나라를 다스렸다.

명나라 법은 '법귀간엄(법률은 간단하고 엄격해야 한다)'이라는 원칙을 내세웠다. 법이 복잡하면 일반 백성이 이해하지 못하고, 법률 조항을 이용해서 이익을 취하는 사람이 있을 수 있기 때문이다. 또한 처벌이 엄격해야 사람들이 두려워 죄를 짓지 않는다고 생각했다.

『대명률』을 편찬하다

주원장은 이선장을 책임자로 법령을 정비해 '홍무 7년률(1374)'을 만들게 했다. 여기에 법률을 추가하고 개정하여 1397년 '홍무 30년률'을 반포했다. 30권, 460조의 이 법전은 명나라가 망할 때까지 사용되었다. 이 법전을 『대명률大明律』이라 한다.

『대명률』은 백성들도 이해하기 쉬웠다. 조선, 일본, 안남 등 동아시아 법률에도 큰 영향을 주었다. 주원장은 자신이 직접 재판한 사례를 바탕으로 『대고』를 만들었다. 황제가 직접 만들었기에 법적 효력이 『대명률』보다 높았다. 특히 부패한 관리들을 처벌하는 조항이 많았고, 『대명률』에 없는 가혹한 처벌도 많았다. 명나라는 범죄를 예방하고자 집마다 『대고』를 두게 했다. 황제가 내린 주요 법은 공고문으로 만들어 지방 관청 등에 게시했다.

명나라의 사법 제도

명나라의 중앙 사법 기관으로는 '삼법사'가 있었다. 또한 지방 행정 단위인 성, 부, 주, 현마다 사법 기관이 있었다. 군대 내에도 재판을 담당하는 기구가 있었다.

각종 형구들

명나라의 중앙 사법 기관 삼법사

기관명	역할
형부	주요 재판 담당
대리사	형부에서 판결한 사건 재검토
도찰원	관리 감찰 및 대형 사건 조사 관리를 파견해 지방 재판 결과 감독 및 억울한 죄수 심사

'금의위'는 황제 직속 친위대였다. 이들은 황제의 명령을 직접 집행했다. 의심 가는 사람을 잡아 심문하고 처형하는 특별 법정 역할도 했다. '동창'은 환관으로 구성된 특수 조직이었다. 황제의 눈과 귀가 되어 정보를 수집했다. 중범죄를 수사하고, 범인을 직접 체포하기도 했다.

금의위와 동창을 합쳐 '창위'라 했다. 창위는 다른 사법 기관이 하는 일을 감시, 감독하고 황제에게 보고했다. 창위는 황제의 절대 권력을 상징했다. 아무리 높은 관리라도 창위를 피해 갈 수 없었다.

중국 전통 법률 체계의 다섯 가지 형벌(오형)

이름	형벌
태형	대나무 회초리로 엉덩이를 때리는 벌
장형	나무 몽둥이로 엉덩이나 허벅지를 때리는 벌
도형	일정 기간 강제 노동을 하는 벌
유형	먼 지역으로 쫓아내는 벌
사형	목숨을 빼앗는 벌

법이 공정성을 유지하려면 사법을 담당하는 관리인 판사가 청렴하고 공정해야 한다. 주나라 때부터 판사가 잘못을 범하면 엄하게 처벌하는 규정이 있었다. 당나라 때는 판사의 잘못을 '출입인죄(出入人罪)'로 규정했다. 죄가 있는 사람을 무죄로 판결해 풀어주는 '출인죄'와 죄가 없는 사람을 유죄로 판결해 억울하게 처벌하는 '입인죄'를 합친 말이다. 명나라와 청나라를 거치며 출입인죄는 더욱 정교해졌고, 청나라는 출입인죄를 엄격하게 처벌했다.

만일 판사가 죄가 있는 사람을 일부러 무죄로 판결해 풀어주면 판사도 같은 벌을 받았다. 예를 들어 장형 100대에 해당하는 벌을 받을 사람을 일부러 풀어준 것이 발각된다면 판사가 장 100대를 맞았다. 죄가 없는 사람을 유죄로 판결해 처벌했을 때도 마찬가지다. 판사가 죄 없는 사람을 사형에 처했는데 그 사실이 밝혀지면 판사 역시 사형에 처했다. 가벼운 범죄를 무겁게 처벌하거나, 무거운 범죄를 가볍게 처벌하면 그 차이만큼 판사가 처벌받았다. 예를 들어 장형 60대에 해당하는 죄인에게 장형 100대를 선고한 판사는 자기가 40대만큼 장을 맞아야 했다. 하지만 판사가 고의가 아니라 실수로 잘못 판결했다면 처벌을 감해 주었다.

명나라는 각 법정의 재판 권한을 명확히 하여 사법 제도를 완성했다. 가장 작은 지방 행정 단위인 주와 현의 법정에서는 장형 이하의 사건을 최종 판결했다. 부의 법정에서는 장형 100대 이하 사건을 판결했고, 성의 법정에서는 도형과 유형을 최종 판결했다. 사형에 해당하는 사건은 형부에서 심리하고 대리사가 다시 심사했다. 사형에 대한 최종 판결권은 황제에게 있었다.

중대한 사건이나 의심스러운 점이 많은 사건은 여러 관리가 모인 '회심'에서 판결했다. 형부, 대리사, 도찰원의 관리가 함께 모인 '삼법 사회심'에서는 까다롭고 중요한 사건을 다루었다. 매년 6월 말까지는 주요 사법 관련 기관의 고위 관리들 외에도 창위와 환관까지 함께 모여 아직 판결이 나지 않은 사건을 정리하여 재판했다(열심). 가을 이후에는 사형 집행 전 사형수들을 재심했다(조심). 황제는 5년마다 환관 우두머리를 대리사에게 파견해 처리되지 않은 사건을 정리했다(대심). 모든 회심에서 최종 결정권자는 황제였다.

절차가 엄격해진 청나라 재판

명나라는 1644년 만주족이 세운 청나라에 중국을 내주고 멸망했다. 청나라는 명나라의 법률 제도를 이어받았는데, 만주족은 따로 특별한 법정에서 재판했다. 법을 내세우기보다는 통치자가 내리는 판단과 대처를 더 중요하게 여겼다.

소송 절차는 엄격해졌다. 재판을 원하는 사람은 정해진 서식에 맞게 200글자 이내로 소송장을 써야 했다. 소송장에는 사건에 관한 사실, 피고와 증인의 이름 및 주소가 들어가야 했다. 소송을 제기하는 원고는 관청에 직접 가서 소송장을 내야 했다.

소송 절차가 복잡해지자 함부로 소송하기 어려웠다. 소송을 대리하는 사람을 둘 수는 있었지만, 대가로 금품을 줄 수는 없었다. 만일 소송대리인이 돈을 받은 사실이 발각되면 관련 있는 사람들이 처벌받았다. 또한 소송장에 적힌 내용이 사실이 아닐 때도 소송대리인과 소송 당사자 모두 처벌받았다.

서양식 사법 제도의 도입

청나라는 외국과의 접촉을 엄격히 통제하다가 17세기 말에 이르러서야 항구를 열고 외국과의 교역을 허락했다. 청나라 항구에는 유럽 각국 무역상이 몰려들었고, 그중 영국 상인이 가장 많았다. 영국은 중국에서 차를 수입하며 그 대가로 은을 주었다. 하지만 너무 많은 은이 중국으로 빠져나가자 이를 막기 위해 영국은 인도에서 만든 '아편'을 중국에 팔았다.

아편은 사고파는 것이 금지된 마약이었다. 몰래 들어오는 아편의 양은 점점 늘어났고, 아편 밀수가 심각하다는 것을 알게 된 청나라 정부는 임칙서라는 관리를 파견해 아편을 단속했다. 임칙서는 영국 상인들로부터 아편 2만 상자를 몰수하고 불태웠다. 그러자 영국은 이를 빌미로 전쟁을 선포하고 청나라를 공격했는데, 이를 '아편 전쟁'이라고 한다. 두 차례에 걸쳐 일어난 아편 전쟁으로 청나라는 항구 근처 영토와 각종 이권을 서양 여러 나라에 내주게 되었다.

외세 침입과 내부 반란으로 청나라는 급속히 몰락해 갔다. 청나라

지배층은 자신들의 권력을 유지하면서 변화에 대응하기 위해 서양 여러 나라 법률을 참고해 새로 법률을 만들고 제도를 정비했다.

1906년 청나라 정부는 형부를 '법부'로 바꾸었다. 법부는 재판에 관여하지 않고 사법 행정만 담당했다. 최고 재판소인 대리사는 '대리원'으로 개편해 법률 해석과 지방에서 하는 재판만을 감독하게 했다. 대리원 아래에는 '초급 심판청', '지방 심판청', '고등 심판청' 등 단계별 재판소를 만들었다.

대리원과 단계별 재판소

이름	역할
초급 심판청	가장 기초 법원으로 지방에서 일어나는 작은 사건을 다룬다.
지방 심판청	초급 심판청에서 다루는 사건보다 중요하고 복잡한 사건을 재판한다.
고등 심판청	지방 심판청에서 다루는 사건보다 중요하고 복잡한 사건을 재판한다.
대리원	최고 재판소로 모든 사건을 최종적으로 판단한다.

재판 단계는 1심, 2심, 3심으로 구분했다. 1심에서 처음 재판하고 그 결과에 불복하면 항소해서 2심이 열렸다. 1심은 초급 심판청이나 지방 심판청에서, 2심은 지방 심판청이나 고등 심판청에서 열렸다. 2심 판결에 불복해 항고하면 고등 심판청이나 대리원에서 3심을 열었다. 마지막인 3심에서 내린 결정은 바뀌지 않았다.

근대적 법률 직업 탄생

청나라에서는 과거 시험에 합격한 사람 중에서 법관을 임명했다. 그러나 1905년 청나라는 과거 제도를 폐지했다. 이듬해 사법 기관이 개편하면서 법률 전문 인력이 많이 필요하게 되자, 과거 시험 응시를 준비하던 이들이 법관 시험으로 눈을 돌렸다.

처음에는 각 심판청에서 자체적으로 법관을 선발했는데, 주로 일본 유학생이나 경력자를 뽑았다. 1910년이 되어 청나라 정부는 법관 선발 국가시험을 법률로 정했다. 그리고 첫 번째 전국 법관 자격시험을 시행해 법관 841명을 선발했다. 이들은 각급 법원에서 2년간 실습을 치렀고, 이후 두 번째 시험에 통과한 이들만 정식 법관이 되었다.

법관 양성을 위한 교육 기관도 생겼다. '법정 학당', '사법 연구소' 등에서 전문 법률 교육을 했다. 1911년 청나라 정부는 '임시법관 양성소'를 설립해 필요한 인력을 배출했다. 임시법관 양성소에서는 학생들에게 법관 자격시험을 준비시켰다. 정부는 민가이 사립 법관 양성소를 세우도록 북돋웠다.

고려 시대·조선 시대
법과 법관

왕이 내린 명령이 법이었던 고려

지방 호족 세력을 통합하고 후삼국을 통일한 고려는 10세기 말에 법률 체계를 확립했다. 당나라 법인 '당률'을 토대로 사정에 맞는 것만 골라 '고려율' 71조를 정했다. 여기에 왕의 명령을 필요에 따라 추가했다. 그러자 시간이 지날수록 새로운 법률이 금방 생겼다 사라지는 혼란이 발생하여 고려율은 효력을 잃었다.

고려 말에 율령을 다시 정비하자는 의견이 나왔고, 1392년 2월에 정몽주가 고려와 중국 명나라와 원나라의 법률을 참고해 새로운 법률을 만들었다. 하지만 정식 법률이 되기 전 5월, 정몽주가 목숨을 잃고 고려도 멸망하여 이 법은 결국 시행되지 못했다.

고려 시대에는 사법과 행정이 분리되지 않았다. 일반 행정 기관에서 재판을 진행했다. 중앙에는 사법 기능을 하는 '사의형대'가 있었다. 특수한 사건을 재판하는 임시 관청도 있었다. 예를 들어 노비와 관련된 소송이 많아지자 이를 전담하는 '도관'이 생겼다. 수도인 개성에서는 '개성부윤', 서경(오늘날 평양)에서는 '분대', 그 외 지역에서는 행정 기관의 수령이 재판관 역할을 했다.

민사 소송은 당사자가 직접 변호하고 증거를 제시했다. 판결문은 두 통을 작성해 재판에 이긴 사람이 한 통을 가져가고, 나머지 한 통은 관청에 보관했다. 민사 소송은 정해진 관습이나 이전 결과에 따라 판결했다.

유교를 근본으로 한 조선의 법

조선은 유교를 근본으로 삼았다. 유교에서는 인간이 하늘이 부여한 도덕적 본성인 '인의예지(어질고, 의롭고, 예의 바르고, 지혜로움)'를 타고난다고 생각했다. 이러한 도덕적 본성을 바탕으로 사회 질서와 인간관계를 유지하기 위한 절차를 '예禮'라고 했다.

법과 도덕은 다르지 않았다. 모든 법은 반드시 예에 들어맞아야 했다. 예를 지키지 않으면 사회적 비난이 따를 뿐 아니라 처벌받았다. 올바른 정치란 모든 백성이 예를 따르도록 교화하는 일이었다. '법'은 교화를 이루는 중요한 수단이고, 인간이 타고난 도덕적 잠재력을 발전시키기 위해 만든 합리적 도구였다. 따라서 법은 임금이 내린 명령이었다. 즉, 법을 지키지 않는 것은 왕의 명령을 어기는 것과 같았다. 당연히 모든 신하와 백성은 법을 준수해야 한다고 믿었다.

『경국대전』의 탄생

조선은 기본 법률로 '대명률'을 택했다. 하지만 대명률은 중국의 법이라 조선에 그대로 적용하는 데 어려움이 많았다. 조선은 건국 초부터 대명률을 조선 실정에 맞도록 수정하여 독자적인 법령을 만들기 시작했다. 그리고 1397년(태조 6년)에 최초로 '경제육전'이라는 통일된 성문법을 공포하고 시행했다. 아쉽게도 그 내용은 오늘날 전해지지 않는다.

태종 때는 법전 편찬 시 지킬 중요한 원칙을 세웠다. 기존의 법과 새로운 법이 일치하지 않으면 기존의 법을 기준으로 했다. 세종 때는 또 다른 중요한 원칙을 세웠는데, 수정하는 일 없이 꼭 지켜야 하는 법률은 '전典', 일시적으로 시행하는 법률은 '록錄'에 수록했다.

세조 때에는 오래되고 새로운 법률을 정리해 하나의 통일된 법률로 편찬하는 작업을 시작했다. 그 결과 『경국대전經國大典』(1469)이 완성되었다. 완성되었다고

『경국대전』 제1권

바로 반포하지는 않았고, 총 다섯 차례에 걸쳐 개정하여 1485년(성종 16년)에 반포했다. 조선은 『경국대전』을 반포하고 시행하여 사법 체계를 확고히 구축했다.

여섯 부분으로 구성된 『경국대전』

구분	내용
이전	중앙과 지방 관제, 관직 체계, 관리 임명과 해임 등
호전	호적 제도, 토지 제도, 세금, 통화, 상업 등
예전	과거 시행, 외교, 제사, 장례, 묘지, 각종 공문서, 친족, 혼례 등
병전	군사 제도 등
형전	형벌, 재판, 노비 등
공전	공공사업 및 기술 관련 사항 등

『경국대전』 이후의 법전

시대가 변하면서 새로 정해지는 법령과 이전 법령에 차이가 발생했다. 효력을 잃는 법 조항도 생겼다. 영조는 앞으로도 시행될 법령만을 골라 다시 법전으로 편찬했다. 이것이 『속대전續大典』(1746, 영조 22년)이다. 정조는 앞서 편찬된 두 권의 법전과 이후 법률을 종합해 『대전통편大典通編』을 지어 시행했다(1786, 정조 10년). 『경국대전』, 『속대전』, 『대전통편』은 공식 법전이었고, 이 외에도 주제에 따라 필요한 법령만 모으거나 사례를 소개하는 각종 문서와 서적이 등장했다.

'고신(拷訊)'은 고려 시대 이후 법률로 정한 신문 방법이다. '신장'이라는 나무 막대로 죄인을 때려 자백받았다. 『경국대전』에서는 신장 규격을 정해 두었다. 길이는 3척 3촌(약 1m 10cm)이었으며, 때리는 쪽은 넓적했고 손잡이는 둥글고 길어서 배를 저

조선 시대 형벌 도구, 신장(한국민속촌)

을 때 사용하는 노와 비슷한 모양이었다. 버드나무로 만들었다.

무릎 아래부터 정강이 사이를 때렸는데, 정강이뼈는 때리면 안 됐다. 한 번 때릴 때 최대 30대를 넘기지 않았고, 때린 후 3일 동안은 다시 때리지 않았다. 하지만 죄수가 빨리 자백하지 않으면 정해진 규칙을 따르지 않고 더 큰 몽둥이로 마구 때리기도 했다.

조선 시대의 재판

조선 시대에는 국가와 사회 안정을 저해하는 범죄를 다루는 '옥송獄訟' 재판과 개인 간 분쟁을 다루는 '사송詞訟' 재판이 구분되어 있었다.

형사 재판에 해당하는 옥송은 형벌을 내리기 위한 재판이었다. 옥송에서는 죄인으로부터 자백을 받는 일이 가장 중요했다. '장형'보다 중한 벌을 받을 것이라 예상되는 범인은 재판 전에 먼저 옥에 가두었다. 왕족이나 고위 관리는 예외였다. 감옥에 갇히면 나무 칼이

나 족쇄를 씌웠다. 당시에는 고문 도구와 방법도 법으로 정해져 있어서 때려서 자백받는 것도 정당한 법적 절차였다. 그러나 법률과 달리 더욱 심한 고문을 하는 일도 많아서 고문받다가 숨이 끊어지는 사람도 많았다.

사송은 민사 재판에 해당했다. 조선 시대는 신분과 관계없이 누구나 소송을 제기할 수 있었다. 왕족이나 양반은 직접 재판에 나가지 않고 가족이나 노비가 대신 가기도 했다. 관청이 원고에게 '피고를 데리고 오라'는 내용의 문서를 작성해 주면 원고는 피고에게 이 문서를 보여주고 법정으로 데리고 나와야 했다. 피고가 참석해야만 소송이 시작되었는데, 만일 피고가 여러 차례 나오지 않으면 원고는 피고를 잡아 달라고 관청에 요청할 수 있었다. 재판이 열리면 원고와 피고는 말과 글로 주장을 펼치고, 증거와 증인을 제시하기도 했다. 계약서 등 문서가 중요한 증거로 다루어졌고, 증인은 증언이 거짓이면 처벌받겠다는 약속을 해야 했다. 소송이 진행되는 도중 한 사람이 이유 없이 30일이 지나도록 법정에 나오지 않으면 법정에 나온 사람이 이긴 것으로 판결했다. 농사일이 바쁜 시기에는 재판을 중단하기도 했다. 토지, 가옥, 노비에 대한 소송은 분쟁 발생 5년 이내에만 가능했다. 관청에서는 먼저 말로 판결한 다음 이 내용을 문서로 만들어 주었는데, 문서를 받으려면 수수료를 내야 했다.

여러 번 하는 재판

재판 결과에 만족
하지 못한 사람은 새
로 수령이 부임했을
때 같은 사안에 관해
다시 재판해 달라고
청할 수 있었다. 하
지만 소송을 무한정
반복할 수는 없었다.

조선 후기 김준근 화백이 그린 검시하는 모습(국립민속박물관)

한쪽이 세 번 소송에서 승리하면 결과가 확정되어 다시 재판을 열지
못했다. 이를 '삼도득신법'이라 했다.

사람이 죽는 사건이 발생하면 관리는 현장에 가서 시체를 검시했
다. 검시는 두 번에 걸쳐 진행했으며(초검, 복검) 각각 반드시 다른 관
리가 시행하고 결과를 문서로 남겼다. 만약 미심쩍은 부분이 있으면
세 번 이상 검시할 때도 있었다.

조선 후기에는 세 번의 재판 중 두 번 이긴 결과로 확정하는 '삼판
양승법'이 자리 잡았다. 지방 수령이 처음 판결하고, 이 결과에 불복
하는 사람은 관찰사에게 재판을 청할 수 있었다. 두 번째 판결에도 승
복하지 못하면 사헌부나 형조, 또는 의금부 등 중앙 관청에 다시 재판
해 달라고 요청할 수 있었다. 백성이 억울한 일을 하소연하고자 치는

북 '신문고'를 치거나 왕이 행차할 때 직접 호소하는 일도 있었다.

공정한 재판을 위한 노력

공정하게 재판하기 위해 법관은 소송 당사자가 친가, 외가, 처가 4촌 이내 친척이면 재판을 맡지 않았다. '상피 제도'라고 했다. 상피 제도가 법관에게만 적용되었던 것은 아니다. 지방 수령은 자기 고향을 다스릴 수 없었고, 4촌 이내 친족은 같은 관서에서 근무하지 못했다. 이 제도는 시험 응시자와 시험 감독관 사이에서도 적용되었다.

개항과 서양 문물의 도입

19세기에 조선은 서양을 들이지 않았다. 일본과도 관계가 나빴다. 일본은 조선보다 우월한 지위에 서고자 했고, 조선 정부는 이를 거부했다. 그런데 1875년 9월 20일 일본 군함 운요호가 무단으로 강화도에 상륙을 시도하고 조선 수군이 포격하면서 전부가 벌어섰나. 1876년 일본은 운요호 문제를 처리한다는 핑계로 강화도에 군함과 군대를 보냈다. 힘을 앞세운 일본은 조선에 개항을 강요했고, 조선은 일본과 '조일수호조규', 일명 '강화도 조약'을 맺었다. 이 조약으로 조선은 원산항과 인천항을 일본에 개방하게 되었고, 서양 여러 나라에도 차례대로 문호를 개방했다. 강화도 조약 후, 서양 여러 나라에도 문호를 개방했다. 1882년에는 미국과 '조미수호통상조약'을 체결했고, 이어 영국, 독일, 러시아, 프랑스 등 여러 나라와 외교 관계를 맺었다. 조선은 본격적으로 국제무대에 등장했다. 서양 근대 사상과 문물, 제도를 수용하여 사회를 개혁했다.

재판소 구성법과 사법 기관

1895년 조선은 첫 번째 법령, '재판소 구성법'을 만들어 공포했다. 정부는 이에 따라 '재판소'라는 이름을 가진 재판 기관을 세웠다.

조선의 재판소

	종류	역할
1심 재판소	지방 재판소	1심 재판소
	한성 재판소	한성부(오늘날 서울)와 경기도(인천·개성 제외)의 1심 재판소
	개항장 재판소	부산, 원산, 인천 등 개항장에 설치된 1심 재판소
2심 재판소	순회 재판소	지방 재판소 판결에 불복하는 사건의 2심 재판을 맡았다. 고정된 장소가 아닌 필요한 지역을 돌며 매년 3~9월에 열었다.
	고등 재판소	개항장 재판소와 한성 재판소 판결에 불복하는 사건의 2심 재판을 맡았다.
특별 법원		왕족이 저지른 범죄를 다루었다.

재판소 구성법은 처음으로 판사와 검사를 나누고, 각각의 자격 조건을 명시했다. 재판소의 종류에 따라 판사, 검사 자격을 다르게 정했

다. 또한 사법을 관리하는 기관으로 '법부'를 만들었다. 책임자는 '법부대신'이라 했다. 법부대신은 검찰 사무를 지휘하고 재판소를 감독했으며, 고등 재판소와 특별 법원 판사를 겸직했다.

법학과 법조인 교육 기관

조선 정부는 일본에 유학생을 파견했다. 이들은 기숙사에서 생활하며 일본어를 배웠고, 상급학교에 진학했다. 1896년 일본 유학생 100여 명 중 7명이 법학을 전공했다. 이들은 동경법학원에 들어가 민법, 형법, 민사소송법, 형사소송법, 상법 등을 배우고 1899년경부터 조선으로 돌아왔다.

비슷한 시기인 1895년에는 한성에 법학교육기관인 '법관양성소'가 문을 열었다. 이후 법학 교육 기관은 수십 군데로 늘어났다. 일본 유학을 마치고 돌아온 사람들은 이런 학교에서 교사로 일하기도 하고, 일본 법률 서적을 번역해 출간하기도 했다.

사법 독립

재판소 구성법에서 판사 자격을 정하기는 했지만, 실제로 판사를 뽑는 시험은 한 번도 실시하지 않았다. 각 지방 수령과 관리가 판사나 다름없었기 때문이다.

1907년에 새로운 재판소 구성법을 시행했다. 여기서 사법과 행정을 분명히 분리하며 판사가 필요해졌다. 일제는 통감부를 설치해서 조선을 사실상 통치하고 있었고, 조선 법원에 일본인 판사를 배치하려 했다. 하지만 한꺼번에 수백 명의 판사와 검사를 조선으로 보내기 어렵게 되자 일본은 서둘러 조선인 판사를 양성했다. 이들은 식민지 시대에 법관으로 활동했다.

20세기 이후 법체계와 판사

법과 판사의 역할은 각 국가의 역사적, 정치적 맥락 속에서 서로

다른 길을 걸어왔다. 현대 판사의 권위와 사회적 기대를 살펴보고,

대한민국 사법 제도의 역사에서 판사의 역할이 어떻게 변화해왔

는지 본다.

현대 판사의 지위

20세기 이후 판사의 권위

20세기 이후 판사의 권위는 점점 높아졌다. 특히 미국이나 영국처럼 보통법 체계의 국가에서 판사는 강력한 힘을 자랑했다. 법률가 중에서도 가장 경험이 풍부한 뛰어난 사람이 판사가 되었다.

영국 최고 법원과 미국 대법원의 판사는 특히 존경받았다. 영국 최고 법원 판사는 검은색의 긴 로브를 입고 '흰색 가발 Powered WoG'을 썼다. 이 가발은 16~17세

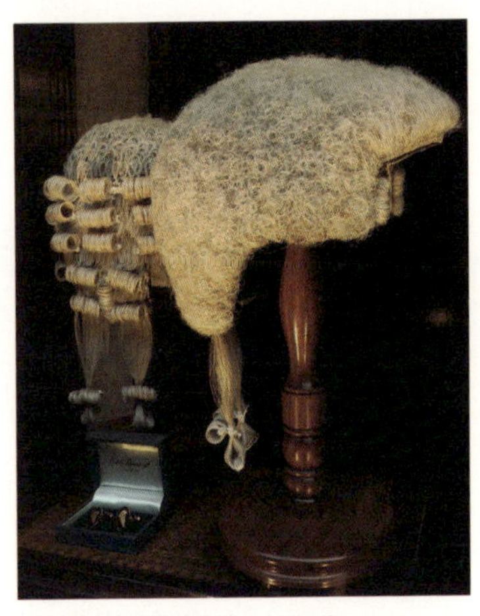

오늘날 영국 판사들이 쓰는 가발

기 귀족이 공식적인 자리에서 항상 쓰고 다니던 필수품이었다.

유럽 여러 나라와 라틴 아메리카 국가는 대개 대륙법 체계였다. 대륙법 체계에서 판사들은 다른 법률가보다 돈을 많이 벌지 못하고 정치적 영향력도 작았다. 대륙법을 따르는 국가에서는 조용하고 안정적인 직업을 원하는 사람들이 주로 판사가 되었다.

세계 여러 지역 판사

이슬람 문화권 국가에서도 법과 종교가 분리되었다. 상업이 발전하면서 세속적인 문제를 다루는 법원이 생겼다. 전통적인 헌법인 샤리아와 법관인 카디의 권위는 점차 약해졌다. 근본주의 이슬람을 지키는 국가 외에는 대륙법과 유사한 법률이 그 자리를 대신했다. 인도와 파키스탄처럼 영국의 식민지였던 국가는 보통법 체계를 따른다.

독재의 도구가 된 판사

1930년대 독일을 장악한 히틀러는 '인민법원'을 만들었다. 히틀러에 반대하던 사람들은 인민법원에서 재판받고 처형당했다. 사람들은 인민법원에 서는 것은 곧 사형 선고를 의미한다고 생각했다. 1985년 독일 의회는 인민법원을 '사법살인 도구'라고 선언했다.

공산주의 국가였던 소련은 판사를 정치적 도구로 이용했다. 법원과 판사, 판결 내용을 국가에서 감시했다. 소련은 대부분 1심 재판을

‘인민법정’에서 열었다. 인민법정에는 판사 한 명과 ‘인민 평가관’이 있었다. 인민 평가관은 전문 법률가는 아니었지만, 배심원과 달리 판사가 내리는 모든 결정에 참여했다.

1944년 히틀러 암살 미수 사건을 재판하는 독일 인민법원

법을 만드는 사람과 법을 해석하는 사람의 갈등

법을 만드는 사람과 법을 해석하는 사람이 다투는 일은 흔했다. 1945년 이후 보통법 체계의 판사들은 눈에 띄게 대범한 법률 해석을 내리기도 했다. 이런 판결은 입법기관과 갈등을 빚었다. 보수적인 입법권자(의원)는 판사의 법률 해석에 불만을 품었다. 이들은 판사들의 판결이 때로는 정해진 법을 따르는 게 아니라 사회의 관심사를 따른다고 비난했다. 판사가 ‘(앞으로)어떻게 되어야 할지’에 따라 판결하면 판사 개인 의견이나 사회적 분위기에 따라 법 해석이 달라질 수 있다. 그러나 판사가 법이 정한 대로만 판결하면 변화하는 사회 현실을 잘 반영하지 못한다. 이 논쟁은 지금도 계속되고 있다. 이러한 고민은 민주주의 사회 발전의 힘으로 작동한다.

20세기 이후
중국의 법체계와 법관

중화민국과 국민당 정부의 법원

1912년 1월 1일 쑨원을 중심으로 모인 혁명 세력이 난징에 중화민국을 수립했다. 다음 해 청나라 황제 선통제가 자리에서 물러나고 수천 년간 이어 온 중국의 군주제가 막을 내렸다.

1912년 1월, 각 지방 대표가 모여 '임시약법'을 공포하고 중화민국이 민주 공화국임을 선포했다. 모든 국민은 평등하며 신체의 자유, 주거의 자유, 표현의 자유를 가지고 선거권, 피선거권, 청원권을 가진다고 선언한 것이다.

중화민국은 최고 재판소로 '중앙심판소'라는 기관을 두었다. '사법부'는 전국의 사법 행정 업무를 담당했다. 신문 과정에서 고문을 금지하고, 증거를 중시하는 원칙을 세웠다. 재판을 공개하고 시범적으로 배심원 제도도 운용했다.

중화민국이 세워진 후에도 중국 각지의 혼란이 가시지 않았다. 군사력을 기반으로 세력을 잡은 군벌들이 생겨나 권력을 장악하기 위해 다투었다. 1926년 장제스가 군벌들을 휘어잡고 난징에 국민당 정부를 수립했다. 국민당 정부에서는 지방법원, 고등법원, 최고법원을 두고 사건을 단계적으로 재판했다. '특종 형사 법원'이라는 특별 법원은 주로 국민당에 반대하는 세력을 탄압하기 위한 재판을 열었다.

중화인민공화국의 새로운 법률 체제

1921년 창당한 중국공산당은 장제스의 북부 군벌 평정을 도왔다. 하지만 1927년, 국민당이 공산당을 공격했다. 이에 중국공산당은 독자적인 국가 체제를 수립하고 1931년 '중화 소비에트 공화국 헌법 대강'을 공포했다. 중화 소비에트 공화국은 '노동자와 농민이 중심인 민주 독재 국가'임을 내세웠다.

1937년 일본이 중국을 침략하자 국민당과 공산당은 내전을 멈추고 협력하였으나, 태평양 전쟁에서 일본이 패망하자 다시 치열한 내전을 벌였다. 결국 국민당이 패배하여 대만 섬으로 후퇴했고, 그렇게 1949년에 중국공산당 지도자 마오쩌둥이 '중화인민공화국' 수립을 선포했다.

중화인민공화국은 과거 법률 체제와 단절하고 새로운 체제를 만들었다. 그에 따라 기존 법률 전문가들도 전부 몰아냈다. 1954년에는 '헌법'과 '법원조직법'을 공포했다. 재판소는 '인민법원'이라 불렀다. 법원은 4단계 체계로, 위에서부터 최고인민법원, 고급인민법원, 중급인민법원, 기층인민법원이 있었다. 이 외에도 군사법원 등 각종 특별 전문법원도 있었다.

최고인민법원은 법을 해석하고, 하급 인민법원의 재판을 감독하며, 전국 법원 행정을 관리했다. 각각의 법원은 법률이 정한 1심 재판을 담당했고, 1심 판결에 승복하지 못하면 바로 위 상급 법원에 상소할 수 있었다. 두 번째 재판, 즉 2심 재판이 최종 판결이었다.

법원은 인민대표회의가 만든 법률을 집행하는 역할이었다. 인민대표회의는 투표로 선출된 대표, 군대 대표, 해외 중국인 대표로 구성되었다. 인민대표회의는 최고 권력기관이자 입법기관으로, 법원을 구성하고 감독했다.

사법 제도의 파괴와 재건

중화인민공화국 수립 초기 법관에게 필요한 자질은 공산당에 대한 신뢰와 충성이었다. 전문적인 법률 지식은 중요하지 않았다. 주로 퇴역 군인, 퇴직 교사, 공산당 활동에 적극 참여한 농민이나 노동자 등이 법관이 되었다. 법관은 법원에서 직접 뽑았다.

1966년 문화대혁명이 시작되며 중화인민공화국 초기 만들었던 사법 제도와 사법 절차가 무너졌다. 인민법원은 제 역할을 하지 못했고, 많은 법관이 자리에서 쫓겨났으며 재판은 군중이 했다.

마오쩌둥 사망 후 새로 들어선 중국 지도부는 문화대혁명기에 입은 상처를 치유하며 경제 발전을 위해 개혁개방 정책을 택했다. 사법 제도도 재건되기 시작했다. 최고 지도자인 덩샤오핑은 "인민 민주를 보장하기 위해 법제를 강화하여야 한다."라고 강조했다. 1997년에는 '의법치국(법으로 나라를 다스린다)'을 국가 통치 기본 이념으로 삼아 대대적인 사법 개혁에 나섰다.

1995년부터는 공개 시험과 엄격한 심사를 거쳐 법관을 선출하고 인민대표회의의 허가를 받도록 제도가 바뀌었다. 2002년부터는 '국가통일사법고시'를 시행하였다. 대학을 졸업한 사람만 응시할 수 있었고, 이 시험에 통과해야만 법관이 될 수 있었다. 2018년부터는 사법고시 대신 '국가통일법률직업자격시험'을 도입했다. 이 시험에 합격하면 법률 관련 직업에 종사할 자격을 얻고, 이들 중 우수한 사람을 선발하여 법관으로 심는다.

현재 중국 법률 체제

중국 국내 사회주의 체제를 개혁하고 대외적으로는 개방을 추진하는 개혁개방 정책을 펴기 시작한 후, 중국의 사법 제도가 크게 달라졌다. 법으로 다스린다는 '법치'가 중국인들 사이에도 기본으로 자리 잡았고, '인권'에 대한 생각도 발전했다. 1990년대 이후 인권 연구가 활발해졌으며, 각종 국제 인권 조약에도 가입했다. 시장경제에 대한 인식도 발전했다. 중국은 2001년에 세계무역기구(WTO)에 가입한 이후 경제 발전을 위해 각종 법률과 제도를 보완하고 있다.

대한민국 사법 제도의 역사

사법권이 일제로 넘어가다

일본 제국주의는 조선 침탈 욕심을 노골적으로 드러냈다. 1906년 일본은 조선에 '통감부'를 설치했다. 일본인 통감이 우리나라 외교권을 대신 행사했다. 통감부는 일본 제국주의 식민지 지배의 토대를 만드는 기관이었다.

1909년 총리대신 이완용과 통감 소네 이라스케가 '기유각서'를 체결했다. 기유각서는 우리나라 사법 및 감옥 관련 사무를 일본에 맡기겠다는 내용의 각서였다. 이후 우리나라 법부와 재판소는 문을 닫고, 대신 통감부의 '사법청'이 사법 관련 업무를 맡았다. 일본인이 재판소와 감옥의 관리로 임명되었다. 우리의 사법권이 완전히 일본으로 넘어간 것이다.

식민지 시대의 법

1910년 8월에는 총리대신 이완용과 통감 데라우치 마사타케가 '한일병합조약'을 체결했다. 일본 제국주의가 우리나라를 지배하게 된 것이다. 일제는 조선총독부를 설치하여 조선을 통치했다. 일본은 조선이 미개하고 풍습이 다르다며 일본과는 다른 법을 만들어 적용했다. 일본 법률은 제국의회에서 제정했는데, 식민지인 조선에 적용되

조선태형령

1912년 시행한 '조선태형령'은 대표적인 차별적 법률이다. '태형'은 매를 때리는 처벌이다. 근대화 이후에는 점차 사라지고 있었는데, 일제는 조선인에게만 특별히 태형을 적용했다. 집행 대상은 16~60세 남자, 3개월 이하의 징역 또는 구류에 처해야 할 자, 100원 이하의 벌금 또는 과태료를 매겨야 하는데 일정한 주소를 갖고 있지 않거나, 가진 재산이 없거나, 벌금이나 과태료를 5일 이내에 완납하지 않은 자였다.

총독부는 조선인의 수준이 낮아서 태형만큼 확실한 효과가 있는 형벌은 없다고 주장했다. 조선인은 신체에 고통을 주어야 잘못을 깨닫는다는 의미였다. 당시 일본 순사들은 재판을 거치지 않고서도 조선인을 구타할 수 있는 권한이 있었다. 수만 명이 태형을 받았고, 태형으로 사망한 사람도 적지 않았다. 태형은 국제적인 문제로, 영국과 미국 등이 일본에게 태형 폐지를 요청하기도 했다. 1919년 3·1운동과 같은 사람들의 강력한 저항에 일제는 강압적인 통치 방식을 계속 유지할 수 없었고, 조선태형령은 1920년 폐지되었다.

는 법은 조선 총독이 만들고 일본 국왕이 승인했다. 이를 '제령'이라고 했다. 조선총독부는 식민지 통치에 유리하도록 가혹한 법률을 마음대로 만들었다.

1912년 3월에는 '조선총독부재판소령'을 고쳐 사법 제도를 변경하고 4월 1일에는 '조선형사령', '조선민사령' 등의 기본법을 공포해 시행했다. 재판소 대신 '법원'으로 이름을 통일했고, 지방법원, 복심법원, 고등법원 세 종류의 법원을 두었다. 각각의 법원에서 1심, 2심, 3심 재판을 시행하는 3심 제도를 도입했다. 각급 법원에는 검사들이 속해있는 '검사국'을 설치했다. 조선 총독은 법원 설치, 폐지, 관할 구역 설정에 관여하였고 판사나 검사 등 법관 임명과 사퇴, 징계 등을 지휘, 감독했다.

식민지 시대의 조선인 법관

일제는 기존에 일하고 있던 판사나 검사 또는 시험에 합격한 사람 중에서 새로 판사와 검사를 임명했다.

법관 지망자는 우선 1차 시험인 '고등문관시험' 사법과를 통과해야 했다. 이 시험에 합격하면 '사법관 시보'가 되어 1년 6개월 동안 법원이나 검사국에서 근무했다. 여기서 실제 업무를 익힌 다음 2차 시험을 통과하면 '사법관', 즉 판사나 검사로 임용되었다.

사법관은 대부분 일본인이었다. 1910년부터 1944년까지 조선총독부 사법관 중 조선인은 27%밖에 되지 않았다. 조선인 판사나 검사는 일본인 상급 판사나 상급 검사의 지휘를 받았다. 일제 강점기 내내 조선인 사법관은 일정한 지위 이상 오를 수 없었다.

일반적인 절차를 거치지 않고 특별히 사법관이 되는 사람도 있었다. 1910년 한일병탄 직후 일본은 제국대학이나 전문학교 또는 조선총독이 인정하는 학교의 졸업생을 판사와 검사로 임명했다. 1920년에는 법원에서 판사를 도와 소송을 접수하고, 기록을 관리하는 법원서기로 5년 이상 일한 사람 중에서 지방법원 판사를 선발하기도 했다. 이런 특별 전형 출신 사법관은 일반 전형 출신 사법관보다 승진이 어려웠다.

법관 교육

일제는 이전까지 있었던 법률 학교를 폐지하고 1911년 경성전수학교(경성법학전문학교)를 세웠다. 사립 학교로는 보성전문학교 법과가 있었다. 1923년 일제는 경성제국대학을 세웠다. 이 학교에는 법문학부가 있었다. 경성제국대학 법문학부는 법학 교육 기관으로는 최고였다. 이 외에도 일본에서 법을 공부하고 시험을 치러 사법관이 되는 사람도 있었다.

고등 문관 시험에 합격하면 출세가 보장되었고 합격자를 배출한 학교의 명성도 높아졌다. 그래서 일부 학생과 교수는 학문 연구보다도 시험 합격에 노력을 기울였다.

식민지 시대 판사의 지위

법관은 공무원으로서 법에서 정한 월급을 받았다. 초봉은 100원 정도였다. 1930년대 은행원의 월급이 95원, 신문기자 70원, 목사 50~60원에 비하면 적지 않았다(당시 쌀 한 가마가 13~20원 수준이었다). 법학 교육을 받으려면 돈이 많이 들었기 때문에 법을 공부하는 사람은 대개 유복한 집안 출신이었다. 1936년 기준 경성법학전문학교 학비는 1년에 약 141원이었고, 일본 유학 비용은 이보다 훨씬 더 들었는데, 학자금과 생활비를 합쳐 1년에 약 천 원이 필요했다. 물론 스스로 학비를 마련한 사람도 있었다.

독립운동을 탄압하기 위한 법률

1919년 3월 1일, 전국에서 일제의 무단 통치에 맞선 비폭력 평화시위가 벌어졌다. 참여 인원과 지역은 점점 늘어났고, 해외에 사는 동포들까지 합류했다. 이 3·1운동을 계기로 일제는 통치 정책을 바꿨는데, 이것이 일명 '문화 정치'이다. 사람들에게 비난받던 조선태형령을 없앤 것이 대표적인 예시이다.

한편 일제는 3·1운동과 같은 항일 운동을 효과적으로 탄압하기 위한 법률을 만들었다. 1925년에는 '치안유지법'을 시행했다. 당시 노동운동과 사회주의 운동을 중심으로 항일 운동이 불붙었는데, 이에 대응한 장치였다. 제1조 내용은 다음과 같다. '국체를 변혁하거나, 또는 사유재산제도를 부인하는 것을 목적으로 결사를 조직하거나, 또는 사정을 알고서 그에 가입한 자는 10년 이하의 징역 또는 금고에 처한다.' 일제는 일본 제국에서 벗어나려는 독립운동을 국체 변혁이라고 몰았다. 조선이 독립하면 일본 제국의 영토가 줄어들고, 그 결과 통치권이 축소되어 국가 체제가 변한다는 논리였다.

일제는 식민지 지배를 유지하는 수단으로 '사상 전향 정책'을 도입했다. 독립운동과 관련된 사람에게는 '사상범'이라는 딱지를 붙였다. 사상범은 가혹한 고문을 받았다. 일제는 신체와 정신이 피폐해진 사상범에게 독립운동을 포기하고 일본 제국주의 편으로 돌아서라는 '전향'을 강요했다. 전향하면 형을 줄여주거나 감옥 생활을 편하게 해 주었다. 전향하지 않고 형기를 마친 사상범에게는 보호 관찰과 예방 구금을 시행했다. 1936년 공포한 '사상범보호관찰법'으로 경성, 함흥, 평양, 신의주, 대구, 광주에 보호관찰소가 설치되었다. 보호관찰소의 보호사는 형기를 마치고 출소한 사상범을 감시했다. 이들은 거주, 직업 선택, 여행, 다른 사람과의 접촉이나 편지하는 일을 제한당했다.

1941년에는 '조선사상범예방구금령'을 내렸다. 형기를 마친 뒤에도 일제에 전향하지 않은 사람은 재판 없이 다시 잡아 가둘 수 있는 법이었다. 이러한 전향 정책은 1930년대 중반 이후 독립운동의 기세가 약해진 이유 중 하나였다. 하지만 많은 독립운동가가 탄압과 유혹을 꿋꿋이 버티며 투쟁을 이어 나갔다. 이렇게 일제는 법치라는 이름으로 부당하고 강압적인 통치를 계속했다.

미군정 시기의 사법 제도와 법관 임용

1945년 8월 15일, 조선은 일본의 식민지에서 해방되었다. 한반도 삼팔선을 경계로 남쪽에는 미군, 북쪽에는 소련군이 들어와 일본군을 무장 해제시켰다. 1945년 9월 미군은 '주한미군 군정청(미군정)'을 세우고 통치를 시작했다.

미군정은 일제 식민지 시대의 재판 제도를 없애고 새로운 재판소를 만들었다. 군대에는 '군정재판소'를 만들고 그 아래 군대 관련 사건을 재판하는 '군사위원회'와 '헌병재판소'를 두었다. 민간인 대상

사법 기관으로는 '조선인재판소'를 열었다. 1945년 10월 미군정은 조선인을 판사와 검사로 임명하기 시작했다. 마땅한 사람이 없어서 미군 장교와 통역인들에게도 변호사 자격을 주었고, 법원 또는 검사국 서기 출신을 특별히 법관으로 채용하기도 했다. 이 외에도 삼팔선을 넘어 북쪽에서 온 법조인들을 위해 판검사 특별임용시험을 시행하고, 제주도에 부임할 판사와 검사만 따로 뽑기도 했다.

1946년 3월에는 미국식 법률 학교인 '사법 요원 양성소'를 만들었다. 이 학교에는 일제 강점기 고등 문관 시험 사법과 합격자, 조선변호사시험 합격자, 정부에서 인정하는 대학이나 전문학교의 법률 전공자, 중등학교 졸업자 중 예비 시험을 통과한 자 등이 시험을 치르고 입학할 수 있었다. 하지만 예산이 부족해서 몇 달 지나지 않아 문을 닫았다.

모두가 합격한 변호사시험

1945년 조선 변호사시험은 8월 14일과 15일에 시행되었다. 응시자는 14일에는 민법과 형법, 15일에는 상법과 경제학 시험을 치러야 했다. 그런데 15일 정오, 일본이 무조건 항복하는 바람에 시험이 중단되었고 제도 자체가 무산되었다. 응시자들은 "시험을 끝까지 치렀으면 모두 합격했을 것"이라 주장하며 모두에게 합격증을 달라고 요구했다. 시험 위원회는 세 과목만 치른 상태에서 합격증을 줄 수 없다고 맞섰으나 결국 연락이 끊긴 사람을 제외한 응시생 전원에게 합격증을 주었다.

대한민국 사법부가 틀을 갖추다

1948년 5월 10일, 대한민국 첫 국회의원 총선거 시행으로 198명으로 구성된 '제헌의회'가 문을 열었다. 제헌의회는 그해 7월 17일 '대한민국 헌법'을 제정했다. 헌법에서는

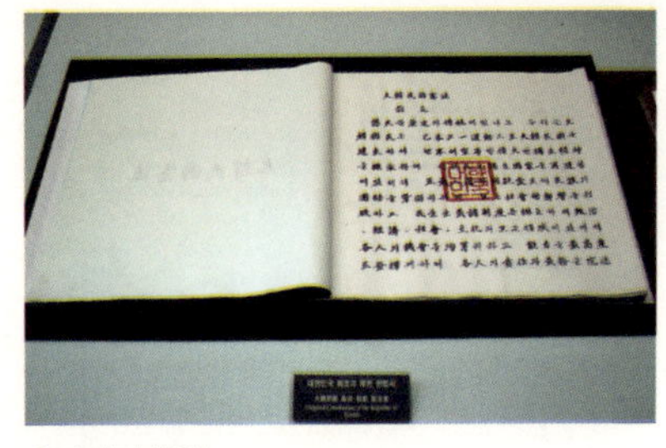

우리나라 헌법

삼권 분립 원칙에 따라 사법권 독립을 보장했다.

1949년 9월 26일에는 '법원조직법'이 공포되었다. 대법원, 고등법원, 지방법원 세 단계 법원을 두었다. 첫 번째 재판(1심)은 지방법원, 그다음(2심)은 고등법원, 마지막으로 대법원에서는 최종 재판(3심)을 하는 3급 3심 제도를 확립했다. 이후 헌법도 여러 차례 바뀌고, 법원

삼권 분립

삼권 분립은 민주 정치의 근본 원칙이다. 나라를 다스리는 일을 세 개의 기관이 나누어 맡는 것이다. 법률을 정하는 일(입법)은 국회에서 한다. 법률에 따라 국가를 지키고, 국민을 행복하게 살도록 하는 일(행정)은 행정부가 한다. 법률을 해석하고 적용하여 분쟁을 해결하고, 판결로 정의를 실현하는 일(사법)은 사법부가 한다. 세 개의 기관은 서로를 감시하고 견제하여 권력 남용을 막고 국민의 권리와 자유를 보장한다.

조직법도 달라졌지만 사법부 독립, 삼권 분립, 3급 3심 제도 자체는 변하지 않았다.

법관 선발 제도

1950년 '고등고시령'에 따라 '고등고시'를 실시했다. 시험은 행정과와 사법과로 나뉘었고, 고등고시 사법과에 합격하면 법관으로 일할 자격을 얻었다. 경쟁은 치열했다. 1957년에는 사법과에 3천여 명이 응시해 4명이 합격했다.

고등고시는 1963년 '사법고시'로 바뀌었다. 사법고시는 1차 객관식 선택형 시험, 2차 주관식 서술형 시험, 3차 면접 과정을 거쳤다. 합격자들은 대법원에 설치된 사법연수원 과정을 마친 뒤 판사, 검사 또는 군 법무관에 임용되거나 변호사로 개업할 수 있었다. 사법고시는 2017년까지 시행되었다.

사법고시를 대신하기 위해 '변호사시험' 제도가 2012년에 도입되었다. 이 시험에 응시하려면 우선 법학전문대학원(로스쿨)에서 석사 학위를 취득해야만 한다. 또한 '법조윤리시험'을 먼저 통과해야 한다. 변호사시험을 통과하면 변호사 자격을 얻는다. 판사는 변호사로 5년 이상 경력을 쌓은 사람 중에서 선발한다. 변호사 자격을 막 획득한 사람은 신규 검사로, 일정 기간 경력을 쌓은 사람은 경력 검사로 지원할 수 있다.

이태영은 우리나라의 첫 번째 여성 변호사이다. 1949년 서울대학교 법과대학에 여성으로 처음 입학했고, 1952년 2회 고등고시 사법과에 여성으로 처음 합격했다. 이태영 변호사는 민주화 운동에 앞장서고, 특히 여성 인권 향상에 큰 공을 세웠다. 1956년에는 '여성법률상담소'를 세워 호주제 폐지 등 가족법 개정을 주도했다. 여성 인권 향상과 민주화에 이바지한 공으로 막사이사이상, 유네스코 인권교육상 등 각종 인권상을 받았다.

시련을 이겨내고 발전하는 대한민국 사법부

사법부는 역사의 중심에서 여러 수난을 겪으며 오늘날까지 자리를 지켰다. 1990년대 이후에는 각종 사법 관련 개혁을 시도하고, 2003년에는 '사법제도개혁추진위원회'를 만들어 법학전문대학원(로스쿨)을 설치하고, 법조일원화 제도를 도입하는 등 각종 성과를 거두었다. 형사 재판 국민참여제도, 형사소송법 개정 작업 등도 이루어졌다.

2013년에는 사법 제도

대법원 전경

및 재판 제도 개선에 관해 연구하는 '사법정책연구원'도 설립되었다. 최근에는 외국 법관이 우리나라에서 연수하는 프로그램을 운영하고, 국제법률심포지엄을 개최하는 등 국제적인 성과도 높였다. 오늘날 우리나라 사법부는 전자 소송 시대를 본격적으로 대비하는 등 비약적으로 발전하고 있다.

오늘날과 미래의 판사

오늘날 판사는 법률을 통해 정의를 구현하고 국민의 기본권을 수호하는 상징적 존재로 여겨진다. 하지만 이들의 권위와 역할은 시대와 국가에 따라 크게 달라져 왔으며 지금도 진화하고 있다. 공정한 법치에 대한 시민의 요구는 점점 더 높아지고 있고, 판결에 관한 사회적 관심도 훨씬 커졌다. 이에 따라 판사의 독립성과 책임은 어느 때보다 중요한 화두가 되었다.

법원은 어떤 곳일까?

문제가 발생했을 때 적법한지, 위법인지, 누가 권리를 가지는지 등을 정해 선언하는 일을 '사법司法'이라 한다. 사법에 관한 일을 하는 국가 기관이 '사법부'이다. 사법부에 속해 사법권을 갖고 법률과 명령을 해석하는 기관이 '법원'이다.

법원은 인간의 기본적인 자유와 권리를 보장하고, 이를 지키는 중요한 사명을 띠고 있다. 법원은 개인과 개인, 개인과 국가 사이에서 일어나는 갈등과 분쟁을 해결한다. 재판 당사자들은 저마다 자기가 옳다는 논리와 증거를 내세운다. 법원과 법관은 객관적이고 공정한 기준에 따라 분쟁을 해결한다. 법원은 시민 생명과 재산을 위협하는 범죄 행위, 사회 유지를 어렵게 하는 잘못된 행동을 처벌해 안전과 질서를 유지한다. 권력자가 사사로운 이익 추구에 함부로 힘을 쓰거나 국민 정서와 다른 정책을 무리하게 추진할 때도 법원은 법으로 이를 통제한다.

다양한 법원

우리나라에는 다양한 법원이 있다. 그중 대법원, 고등법원, 지방법원을 일반법원이라 한다. 이 법원들이 기본적인 3심 구조를 이룬다. 1심은 지방법원이, 2심은 고등법원이*, 최종 판결은 대법원이 한다. 1심 판결에 복종하지 않고 2심에서 다시 판단해 달라고 요청하는 일이 '항소'이며, 2심 재판 결과를 대법원에서 다시 판단해 달라고 요청하는 일이 '상고'이다. 그래서 2심 재판을 '항소심', 3심 재판을 '상고심'이라고도 부른다. 그 외에 전문적인 사건들을 다루는 전문법원이 있다.

---

* 항소심은 고등법원에서 심리하는 것이 원칙이다. 그러나 단독판사가 심리하는 사건은 지방법원에 설치된 항소부에서 심리한다.

다양한 대한민국 법원

분류	법원명	역할
일반법원	지방법원	1심 재판을 한다.
	고등법원	2심 재판을 한다.
	대법원	3심 재판을 한다.
전문법원	특허법원	특허 관련 사건을 다룬다.
	가정법원	혼인, 이혼, 상속, 양자 등 가사에 관한 사건과 소년에 관한 사건을 다룬다.
	행정법원	세금, 토지수용*, 근로, 일반행정 등의 사건을 다룬다.
	회생법원	빚을 지고 파산하거나, 망했어도 다시 살아나는(회생) 일을 담당한다.

* 토지수용: 공익 사업 시행을 위해 필요한 토지를 법률에 따라 정당한 보상을 조건으로 강제 취득하는 제도.

법원에서 일하는 법관

법원에 소속되어 법을 해석하고 적용해 판단하는 사람이 '법관'이다. 재판관 또는 판사라고도 한다. 사법부에는 재판을 연구하고 조사하여 판사를 돕는 '재판연구관'과 대법관에서 운영하는 사법연수원에서 법조인을 교육하는 '사법연수원 교수'가 있다. 이들은 법률 전문가이기는 하지만 변호사 자격을 가진 사람일 수도 있고, 아닐 수도 있다.

법관 이외에, '법원 공무원'은 사법 관련 각종 행정, 교육, 연구 업무를 지원한다. '공증인'은 소송에 사용하는 각종 문서가 믿을만하다고 보증해 준다. 공증인은 판사, 검사, 변호사, 법률학 조교수 이상, 국가기관 등에서 총 10년 이상 일한 사람 중에서 법무부 장관이 임명한다(임명공증인). 공증인가를 받은 법무법인 등도 공증 관련 업무를 할 수 있다. '집행관'은 지방법원에 소속되어 재판 집행과 서류 송달 등을 담당한다. 집행관은 공무원은 아니지만 소속 지방법원장이 업무를 감독한다.

법관이 되기 위한 자질

법을 다루는 여러 직업

법률가는 법률을 연구하고, 만들고, 해석하고, 적용하는 전문가다. 법률가 중에서도 법을 실제로 적용하는 업무를 하는 사람이 '법조인'이다. 특히 판사, 검사, 변호사 등을 법조인이라 이른다. 법학을 연구하는 학자나 대학에서 법을 가르치는 교수는 '법률가'라고 한다. 그 외 법률 관련 직업은 다음과 같다.

- 변리사: 새로운 기술 발명이나 디자인, 상표 등 특허권을 다룬다.
- 노무사: 직장에서 발생하는 해고, 임금, 산업재해 등 문제를 대리한다.
- 법무사: 등기, 소송, 경매, 가족 관계 등록, 공탁, 개인회생 및 파산

등에 관한 서류를 작성하고 법원이나 검찰청에 제출한다.

- **법률 사무원**: 변호사나 변리사, 법무사 등을 보조한다.

법관이 되기 위한 자격

우리나라 법원조직법은 법관을 '대법원장', '대법관', '판사'로 구분한다. 즉, 사람들은 일반적으로 '법관'과 '판사'를 같은 의미로 사용하지만, 정확히는 법관이 판사보다 더 넓은 개념이다. 대법원장이나 대법관은 판사·검사·변호사 경력이 20년 이상이고, 나이가 45세 이상인 사람 중에서 선발한다. 또는 변호사 자격으로 국가나 지방자치단체, 공공기관 등에서 20년 이상 일했거나, 대학에서 법학과 조교수이상으로 20년 이상 근무한 사람도 후보가 된다. 판사도 자격 요건은 같다. 다만 최소 요구 경력이 5년 이상이다. 법관 임명에 관한 내용은 헌법 104조에 정해져 있으며, 이외의 내용은 다음 표와 같다.

법관 임명

구분	내용	임명하는 사람	임기	재임용 가능	정년
대법원장	국회 동의 필요	대통령	6년	X	70세
대법관	대법원장 제청, 국회 동의 필요	대통령	6년	O	70세
판사	대법관회의 동의	대법원장	10년	O	65세

대법원장은 한번 임기를 마치면 다시 그 자리에 오를 수 없지만, 대법관과 판사는 임기가 끝난 후 다시 임명될 수 있다. 법관은 정년이 있는데, 아직 임기가 끝나지 않았더라도 정년이 되면 퇴직한다. 외부에서 재판에 영향을 미치지 못하도록 법률로 법관의 신분을 보장한다. 탄핵당하거나 금고 이상의 형을 선고받는 것이 아니라면 법관을 파면할 수 없다.

법관에게 필요한 자질

재판에서 소송 당사자들은 서로 다른 주장을 펴고, 증거를 제시한다. 법관은 증언과 증거를 살펴 실제로 무슨 일이 일어났는지 정확히 판단할 지식과 능력이 있어야 한다. 다른 사람이 하는 말을 주의해서 듣는 자세, 재판에 참여하는 사람들과의 소통 능력도 중요하다.

정확하고 풍부한 법률 지식은 기본이다. 올바른 일을 하려는 정의감, 외부 압력에 굽히지 않는 강직함, 부정부패를 미워하는 청렴함, 세상에 자기가 내린 판결을 알리고 평가받고자 하는 용기도 빼놓을 수 없다. 때로는 다른 나라와 역사적인 사안에 관해 재판이 열리기도 한다. 이 때문에 우리 역사에 대한 올바른 인식도 필요하다.

법관이 가져야 하는 것으로 '두려움'을 강조하기도 한다. 자기가 내리는 판단에 잘못이 있을 수도 있다는 두려움을 가지고, 모든 사건을 조심하고 또 조심해서 판단해야 한다는 것이다. 법관이 내리는 결정은 소송 당사자의 인생을 바꿔 놓을 만큼 막대한 힘이 있기 때문이다.

법관은 미래에도 관심을 가져야 한다. 기술 발전과 사회 변화로 이전에는 없었던 새로운 갈등이 끊임없이 생겨난다. 현재 있는 법으로는 판단할 수 없는 영역도 생긴다. 이를 다루는 새로운 법이 만들어지기 전이라도 법관은 시민들이 불이익을 받지 않도록 고민해서 판결해야 한다.

미래의 법관

전자 소송과 나홀로소송

정보 통신 기술의 발전으로 누구든 다양한 사법 업무를 온라인으로 처리할 수 있게 되었다. 법률 정보 확인, 사건 검색, 등기와 경매 등에 관한 각종 사항 처리 등을 인터넷으로 할 수 있다.

법원에 소송을 제기하는 방식도 변화하고 있다. 과거에는 소송을 하기 위해 직접 법원을 방문하거나 변호사 등의 법률 대리인을 통해 소장을 제출했다. 2010년 이후에는 인터넷으로 소송 서류를 제출할 수 있다.

또한 누군가가 나에게 소송하면 전자 우편과 문자 메시지로 소송 서류가 제출된 사실을 알려준다. 요즘은 모바일 기기 전용 애플리케이션으로도 전자 소송을 진행할 수 있다.

전자 소송 서비스가 시작되면서 대법원은 법률 대리인 없이 '나홀로소송'을 준비하는 사람들에게 소송 관련 준비 사항, 소송 이후의 절차 등에 대해 전반적으로 안내한다. 또한 가장 많이 제기되는 소송 유형과 관련된 기본 서식들을 작성할 수 있도록 지원한다. 이러한 전자소송 서비스는 대한민국 법원 전자소송포털(https://ecfs.scourt.go.kr)에서 확인할 수 있다.

영상 재판

2021년 11월부터는 영상 재판을 확대했다. 민사 재판을 열 때 재판 당사자가 몸이 불편하거나 다른 사정이 있으면 법원에 나오지 않고, 자기 집이나 병원 등 다른 장소에서 영상 중계 방식으로 참여할 수 있다. 예를 들어 부산에 사는 재판 당사자는 서울에 있는 법원에 직접 나오지 않고 영상 재판으로 자기 집에서 소송을 진행할 수 있다. 형사 재판도 일부는 비디오 등 중계 장치로 진행할 수 있다.

먼 거리에 있는 소송 당사자나 증인이 영상 재판을 이용하면 시간과 비용이 줄어든다. 자기 일이 바쁜 전문가, 외국에 사는 증인도 영상 재판으로는 법정 증언이 가능하다. 영상 재판은 경제적일 뿐 아니라 재판 내용도 더욱 충실해질 수 있다.

인공지능이 판사를 대신할 수 있을까?

사법 영역에서도 인공지능을 활용하는 데 관심이 크다. 이미 에스토니아, 중국, 영국, 미국, 캐나다 등 여러 나라가 소액 재판, 재범 가능성 판단, 조정 등에서 인공지능 알고리즘을 활용하고 있다.

우리나라도 재판 업무 혁신에 인공지능을 도입하려 한다. 2025년 4월 28일 대한민국 대법원은 '사법부 인공지능위원회'를 만들었다. 이 위원회에 각 분야 전문가들이 모여 사법부에 인공지능을 언제, 어떻게 도입할지 계획을 세웠다. 또한 개인 정보 보호 등 인공지능 도입에 따른 문제점을 미리 점검했다.

실제로 미국은 인공지능이 판단한 재범 위험성을 형량 판단에 참고한다. 대만도 '인공지능 양형정보시스템'을 사용해서 유사한 사건에 얼마나 벌을 주었는지 파악한다. 인공지능의 성능이 발전할수록 재판에 활용되는 사례는 늘어날 것이다.

그러나 아직 인공지능은 사람처럼 재판 당사자와 소통하고, 사정을 이해하고, 변화하는 상황에 맞춰 법을 유연하게 적용할 창의성이 부족하다. 그래서 인간 판사를 인공지능 판사로 대체하는 데는 한계가 있다. 게다가 인공지능이 어떤 과정을 거쳐 판단을 내리는지 인간이 분명히 알 수 없다는 문제가 있다. 또한 인공지능은 이전의 재판 결과를 활용하는데, 만일 이전에 잘못 판단한 사례가 있다면 이후에도 계속 같은 잘못을 반복할 것이다.

어떻게 판사가 될 수 있나요?

법조일원화에 따른 법관 임명

2012년까지는 사법고시에 합격하고, 사법연수원을 거치면서 성적이 좋은 순서대로 판사를 뽑았다. 그런데 이렇게 뽑힌 판사 중에는 사회 경력이나 경험이 전혀 없는 사람도 있었다. 사람들은 이러한 판사들이 복잡한 세상 이치를 모르고 오직 법률 지식만으로 판결한다고 불만을 가졌다.

이러한 불만을 해결하기 위해 '법조일원화'라는 제도가 도입되었다. 2013년부터는 법조일원화에 따라 일정한 경력을 갖춘 법조인 중에서 법관(판사)을 임용했다. 풍부한 경험을 갖춘 법관을 뽑아 더 나은 사법 서비스를 제공하겠다고 마련한 제도다.

우리나라에서 법관이 되기 위해서는 1)변호사 자격이 있어야 하며

2)국가기관, 자방자치단체, 공공기관, 그 외 법인에서 법률에 관한 일을 하거나, 대학교 법률학 조교수 이상으로 재직해야 하며 3)경력이 5년 이상 되어야 한다. 이 자격을 갖춘 사람 중에서 판사를 선발한다. (2024년 10월 16일 공포한 법원조직법)

법관 임용 절차

법관 임용 절차로는 '일반법조경력자'와 '전담법관' 임용이 있다. 2023년에는 일반법조경력자 121명, 전담법관 2명을 새로 임용했다.

일반법조경력자 임용

법조 경력 5년 이상인 사람이 일반법조경력자 임용에 지원할 수 있다. 우선 '법률서면 작성 평가'라는 필기시험을 치른다. 민사나 형사 등 하나를 택해 소송 문서를 작성해 제출한다. 이 시험을 통과한 사람은 서류 심사를 거친 후 실무 능력을 평가하는 1차 면접을 본다. 이를 통해 기본적인 법률 지식, 법적 사고력, 표현력과 의사소통 능력 등을 알아본다. 2차 면접으로는 인성과 윤리 의식을 평가한다. 1차와 2차 면접 결과를 바탕으로 중간 심사 후 최종 면접 후보를 뽑는다. 만약 정신, 심리, 인성 측면에서 자세한 검사가 필요하다고 판단된 후보자는 전문가가 심리 검사를 한다. 3차 최종 면접에서는 태도, 전문 지식, 법적 사고력, 의사 표현의 정확성과 논리성, 예의, 품행, 성실성,

창의력, 결단력, 합리적 판단 능력 등을 종합적으로 평가해 후보자를 고른다.

　대법원장이 의장이고 대법관들이 참여하는 '대법관회의'에서 최종 후보자들을 1차 심의한다. 여기에서 선발된 사람들의 이름은 대법원 홈페이지에 공개되고, 각계에서 후보자들에 대한 여러 의견을 낸다. 대법관회의는 이 모든 의견을 종합하여 법관으로 최종 임용할 사람을 결정한다.

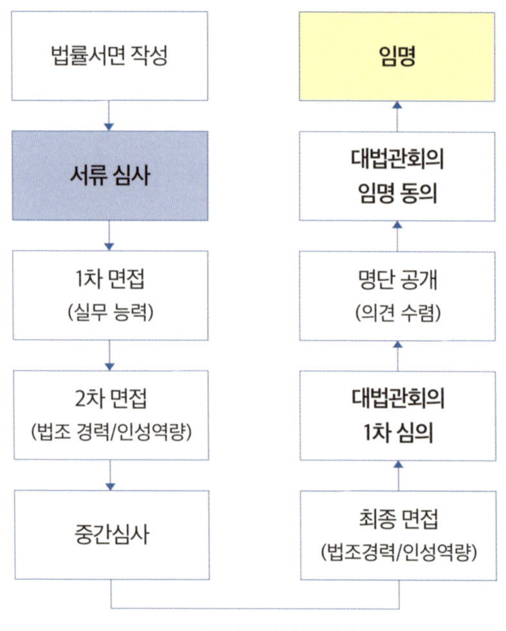

일반법조경력자 임용 절차

전담법관 임용

전담법관은 특정한 재판만을 담당하는 판사다. 전담법관은 원숙하고 존경받는 법조인 중에서 선발한다. 최소 20년 이상의 법조 경력이 필요하다.

전담법관 임용을 신청한 후보자는 우선 서류 심사를 거친다. 이후 실무 관련 에세이를 작성하여 평가받는다. 이후 1차 면접에서 인성과 윤리 의식을 갖추었는지 평가한다. 2차 최종 면접에서는 법관으로서의 자세, 전문 지식과 법적 사고력, 의사 표현 정확성과 논리성, 예의, 품행, 성실성, 창의력, 결단력, 합리적 판단 능력 등을 종합적으로 평가한다. 최종 선발된 사람을 대상으로 대법관회의 1차 심의, 명단 공개, 대법관회의 임명 동의를 거친다.

더 자세한 내용은 대법원 홈페이지(https://judges.scourt.go.kr)의 법관임용 안내에서 찾을 수 있다.

우리나라 판사 현황과 대우

우리나라 법관 정원은 법으로 정해져 있다. 2025년 정원은 3,214명이다. 대법원장, 대법관, 판사, 재판연구관, 사법연수원 교수를 포함한 숫자다.

새로 임용하는 법관의 수는 해마다 다르다. 2020년 이후에는 해마다 120~150명씩 새로 뽑고 있다.

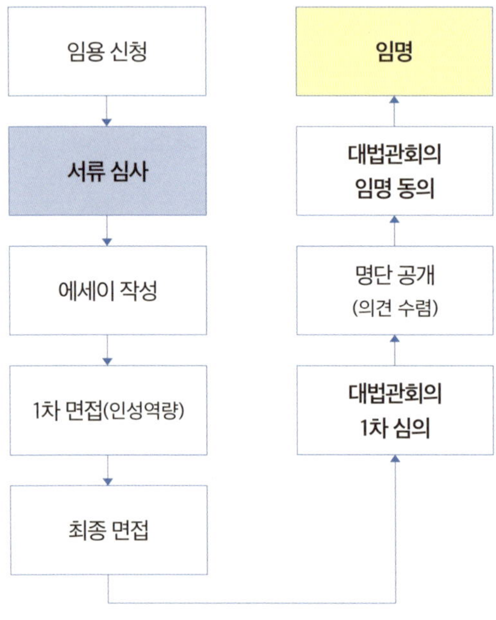

전담법관 임용 절차

법관이 받는 보수도 법에 정해져 있다. 2024년 2월 기준 '법관의 보수에 관한 규칙'에 따라 대법원장의 월급은 1,273만 8,900원이고 대법관의 월급은 902만 2,800원이다. 판사가 임용되고 처음 받는 월급은 344만 3,500원이며(일반법관 1호봉) 각종 수당이 추가된다. 판사 임용 이전 경력에 따라 호봉은 다르다.

소송 당사자를 대신하는 변호사

변호사의
탄생과 변화

법은 인간 사회 질서를 유지하고 분쟁을 해결하기 위한 공동체의 약속이다. 하지만 법은 복잡하고, 때로는 그 해석이 모호하다. 이러한 현실 속에서 법률 전문가로서 개인을 대신해 변론하고 권리를 지켜주는 이들이 등장했다. 바로 변호사다.

이번 장에서는 고대와 중세 시대에 변호사가 어떻게 탄생하고 발전해 왔는지를 살펴본다. 오늘날 우리가 알고 있는 변호사 직업이 형성되기까지의 역사적 여정은 직업의 발전사를 넘어, 법과 사회의 관계가 어떻게 변화해 왔는지를 보여주는 중요한 단서가 될 것이다.

고대 그리스와
로마의 변호사

변호사가 등장하기 전의 재판

법원에서는 갈등을 해결하기 위해, 혹은 범죄를 저지른 사람을 처벌하기 위해 재판을 연다. 재판에서 빼놓을 수 없는 법률 전문가가 '변호사'다. 변호사는 여러 가지 일을 한다. 첫 번째, 의뢰인에게 법적 절차를 어떻게 진행할지 조언하는 '조언자' 역할을 한다. 두 번째, '대리인'으로서 법적 절차를 준비하거나 이를 직접 수행하고, 재판을 대비한다. 또한 '법정 변호사'로 재판에서 의뢰인 대신 의견을 펼친다. 변호사는 재판관보다 역사에 늦게 등장했다. 변호사가 직업으로 자리 잡기 전에 당사자들은 재판관 앞에서 직접 자기 입장을 이야기했다. 때로 가족이나 친지가 돕기도 했다.

보수를 받고 활동하는 웅변가

재판관이 아닌 법률 관련 전문 직업은 고대 그리스에서 처음 생겨났다. 그리스 도시국가들은 시민들이 중요한 결정에 직접 참여하는 '민주정'이었다. 당시 그리스 시민들은 스스로 능동적이고, 지식을 갖추고 있으며, 균형 잡힌 생각을 할 수 있다고 믿었다. 법 앞에서도 직접 자기 생각을 밝혔으며, 친구나 친척으로부터 도움은 받았지만 법률 전문가를 믿지 않았다. 그러나 점점 소송의 수가 늘고 복잡해졌다. 수많은 재판관은 저마다 의견이 달랐다. 재판관을 설득하려면 말솜씨가 뛰어나야 했다. 소송 당사자들은 말 잘하는 '웅변가 Orator'를 고용해서 자기를 대신해서 법정에서 이야기하게 했다.

고대 그리스 법정의 분위기는 거칠었다. 원고와 피고 모두 웅변가를 고용했다. 이들은 목소리가 좋고 몸짓이나 연기에도 능숙했다. 웅변가들은 주로 감정에 호소하는 발언을 했다. 대외적으로 웅변가는 의뢰인으로부터 돈을 받을 수 없었다. 그러나 모두 의뢰인에게 남몰

변호사와 변호인

재판관 앞에서 의뢰인을 대리하는 사람을 '변호인'이라 한다. 보통 변호사가 변호인 역할을 하지만, 변호사가 아니더라도 법원에서 허가하면 변호인이 될 수 있다. 형사 소송에서는 '변호인', 민사 소송에서는 '소송대리인'이라는 명칭을 쓴다.

래 대가를 받고 일했다. 대중은 돈으로 고용되어 의뢰인을 대놓고 편드는 웅변가를 믿지 않았다.

국가적 문제를 재판할 때는 정부에서 공식으로 웅변가를 고용했다. 이 '공적 변호인'은 10~20명씩 한 팀으로 일했다. 대표자는 적은 액수지만 돈을 받았고, 다른 팀원들은 자원봉사자로 활동했다.

소송 당사자는 재판관으로 뽑힌 사람을 돈으로 매수하기도 했다. 돈을 받은 재판관은 자기편이 발언할 때는 손뼉 치고 환호를 보냈으며, 상대방이 발언할 때는 야유했다.

그리스인들은 다른 사람 대신 법정에서 연설하는 일을 평생 1회로 제한하는 법을 만들기도 했다. 하지만 능력 있는 웅변가가 적어서 이 법을 실행하지는 못했다.

뒤에서 원고를 쓰는 사람

웅변가가 법정에서 연설할 내용을 대신 써 주는 사람도 있었다. 이들을 '로고그래퍼Logographer'라고 했다. 로고그래퍼는 웅변가 개인의 스타일에 맞춰 연설문을 썼다. 이들은 점차 정교한 법적 논리를 개발했으며 의뢰인들에게 재판을 어떻게 진행할지 상담도 해 주었다.

아테네 웅변가이자 로고그래퍼였던 데모스테네스 흉상(루브르 박물관)

기원전 4세기 아테네 정치 지도자로 활약한 데모스테네스는 웅변가이자 로고그래퍼로 이름을 날렸다. 유산을 강탈한 친척을 상대로 소송을 한 데모스테네스는 직접 연설문을 쓰고 법정에서 스스로를 변호했다. 이후 그는 빼어난 글솜씨와 웅변 솜씨를 바탕으로 아테네를 이끄는 지도자가 되었다.

고대 로마의 변호사와 법률 전문가

고대 로마에서는 기원전 2세기 무렵 변호사가 등장했다. 이들을 '법정 변호사'라고 했다. 이들도 고대 그리스의 웅변가들처럼 법정이나 집회에서 다른 사람을 설득하는 연설을 했다.

초기 법정 변호사들은 대부분 귀족 출신이었다. 명예를 위해 일했으며 돈을 받지 않았다. 유명 법정 변호사들은 스타로 대접받았다. 이들의 웅변이 대중의 마음을 움직이고 재판 결과를 바꾸었다. 법정 변호사라는 직업은 정치가로 성장하는 기반이 되었다. 많은 귀족 소년이 어려서부터 여러 사람 앞에서 자기 의견을 주장하는 방법을 배웠으며, 유명 정치가나 선배 변호사로부터 후원받아 법정 변호사로 첫발을 떼었다. 이들은 사건을 맡아 대중 앞에서 평판을 쌓거나 유명한 법률학자의 제자가 되었다.

많은 변호사가 국가에 필요한 소송을 진행하는 '공공 변호사'로 활동하려 했다. 대중 앞에서 감동적인 연설로 이름을 날린 공공 변호사는 고위직이 되기에 유리했기 때문이다.

변호사는 배우나 다름없었고 법정은 그들의 무대였다. 변호사는 목소리 내는 연습을 하고, 화려한 몸동작도 익혔다. 때로 변호사는 법정 주제에서 벗어나 자기 생각을 중언부언 떠들기도 했다. 종종 변호사 개인이 박수 부대를 고용해 동원했는데, 이들은 관객이 되어 적절한 시기에 손뼉을 치고 환호했다. 가족이나 친구를 모아 기세를 올리기도 했다.

로마 시민들은 재판 결과를 예측하며 돈을 걸기도 했다. 이처럼 로마 시민들은 법정이라는 장소를 가볍게 여겼다.

법률 교육

웅변술을 가르치는 학교는 있었지만, 법률을 가르치는 학교는 없었다. 수사학을 가르치는 학교에서 그리스 연설을 배울 수 있었는데, 여기서 간접적으로 법과 소송에 관해 알 수 있었다. 1세기 무렵에는 수사학 교사 '마르쿠스 퀸틸리아누스Marcus Quintilianus'가 로마 전역에서 온 학생들에게 '변론술'을 가르쳤다는 기록이 있다. 다른 사람을 설득하는 데 효과적인 이 말하기 기술은 대중 앞에서 연설하는 변호사에게 꼭 필요한 기술이었다. 젊은 변호사들은 다양한

로마의 변호사 마르쿠스 퀸틸리아누스 동상

퀸틸리아누스가 가르친 변호의 기술

마르쿠스 퀸틸리아누스는 좋은 변호사가 되기 위해서는 마치 상대편인 것처럼 의뢰인이 하는 말을 들어 보라고 충고했다. 또한 법정에 내보이는 모든 증거를 미리 검토해야 한다고 가르쳤다. 혹시라도 증거를 제대로 조사하지 않으면 법정에서 망신당할 수 있다고 경고했다. 이는 오늘날의 변호사도 명심해야 하는 내용이다.

재판에 참관하며 법률과 관습, 재판 절차, 말하는 방법 등을 배웠다. 이렇듯 변호사들은 재판에서 이기기 위한 기술이나 책략은 익혔지만 법의 논리적 구조, 법률 해석 방법을 체계적으로 배우지는 못했다. 실제로 변호사들은 법정에서 일어나는 일과 논쟁에만 관심이 있지, 법이 어떤 의미인지도 제대로 모를 때가 많았다.

뒤에서 조언하는 주리스컨설트

로마에서 법을 해석하고 조언해 주는 법률 전문가는 '주리스컨설트Jurisconsult'라고 했다. 이들은 스스로 중립적이라 여겨 정치 세력이나 계층에 관계없이 모두에게 무료로 법적인 조언을 해 주었다. 주리스컨설트는 로마 법률 제도에 막대한 영향을 끼쳤다. 이들은 귀족 출신으로, 이미 다양한 고위 관직을 거친 사람들이었다. 몇몇 유명 귀족 가문에서 주리스컨설트를 배출했다. 주리스컨설트를 지망하는 젊은 귀족 청년들은 기본 교육을 마친 후 유명 주리스컨설트의 제자가 되었다. 지망생들은 주리스컨설트를 따라다니며 하는 일을 관찰하고, 기록하고, 때로 질문하면서 실무를 익혔다. 이론적인 교육은 많이 이루어지지 않았다.

1세기 이후에는 귀족이 아닌 다른 계층 출신 사람들도 주리스컨설트가 되었고 이들은 법적인 조언을 하고 보수를 받기 시작했다. 이들은 공개적으로 법률 논쟁을 벌이기도 하고, 법적 문제에 관해 서로 다른 생각을 가진 사람들끼리 학파를 만들기도 했다. 몇몇은 법을 가르치는 학교를 세웠다.

관료 조직에 들어간 변호사

기원전 27년 아우구스투스가 사실상 로마 황제에 오른 다음부터 황제가 로마를 다스렸다. 이 시기의 로마를 제정 로마(로마 제국)라고 한다. 이 시기부터 변호사들은 대중보다는 주로 재판관 앞에서 변론했다. 이후 4세기 무렵까지, 변호사는 사회적 신분 상승을 바라는 중산층 출신이 대부분이었다. 이들은 의뢰인으로부터 보수를 받았다. 사람들은 변호사를 양심은 없고 돈만 밝히는 탐욕스러운 존재라고 비난했다.

제정 로마에서 황제를 돕는 정부 관리는 점점 늘어났다. 주리스컨설트도 법적인 문제에 관해 조언해 주는 공무원이 되었다. 이들이 개별적으로 법률 조언을 해 주는 일은 점차 줄어들었다. 아우구스투스 황제는 주리스컨설트 중 명성이 높은 사람을 뽑아 '콘실리움 프린키피스Consilium principis'라는 기관을 만들었다. 이 엘리트 집단은 황제의 법률 자문을 맡았다. 이들이 법률문제에 대해 답한 '리스폰사 프루덴티움Responsa prudentium'은 로마법의 기초가 되었다.

성문법이 완성되다

534년 유스티니아누스 황제는
여러 법률을 정리하여 한 권의 책
으로 만들었다. 『유스티니아누스
법전Codex Justinianus』이라고 한다.
결혼, 입양, 상속, 범죄, 거래 등에
관한 다양한 법률과 법률 시행 과
정, 법률 제정과 집행의 관할권을
가진 사람, 자유인과 노예의 권리
등이 담겨 있다. 유스티니아누스

『유스티니아누스 법전』, 13세기 출판본

황제는 이 법률이 완전하다고 생각했다. 즉, 고칠 필요가 없으니 주리
스컨설트가 추가로 해석하지 못하게 했다. 이 법전에 포함되지 않은
다른 법률에 관한 문서는 모두 없애버렸다.

동로마 제국의 법률가

4세기에 로마는 서로마와 동로마로 나뉘었다. 5세기 이후 서로마
제국에서 법률 전문가의 권력은 전에 비해 약해졌고, 대부분 국가나
교회를 위해 일했다. 그에 비해 동로마 제국(비잔티움 제국)에서는 그
권력이 여전했다.

베리투스(오늘날 베이루트)에는 황제가 후원하는 법률학교도 있었

다. 이곳은 로마 법학 연구의 중심지였다. 학생들은 저명한 교수 아래서 4~5년간 공부했다. 460년 이후 동로마 제국에서는 법률학교를 졸업하고 자격을 인정받은 다음에야 법정 변호사로 활동할 수 있었다.

중세 이후 변호사

사라진 법률 전문가

서로마 제국 붕괴 후 유럽 대륙을 차지한 게르만족은 원시적인 법률 체제를 유지했다. 주로 마을 단위의 비공식적인 재판을 진행했다. 사람들은 법적 분쟁을 개인이 직접 해결해야 한다고 생각했다. 그래서 당사자 외의 사람이 분쟁에 끼어드는 일도 없었다. 지배층은 자기 이익을 위해 법을 마음대로 적용했다. 개인에게 주어지는 의무는 많았고 권리는 거의 없었다.

로마법과 법률 전문가 전통은 교회가 이어갔다. 교회에는 자체적인 '교회법Canon law'이 있었다. 교회 내에서 재판이 열렸고, 사제가 교회법을 해석하고 적용했다.

법률 전문직이 부활한 르네상스

법은 르네상스를 거치며 다시 등장했다. 르네상스 시대 학자들이 고대 그리스와 로마 문화에 가진 호기심이 법과 소송에 관한 관심으로도 이어졌다. 르네상스 시대 학자들은 로마 시대의 유스티니아누스 법전을 활발히 연구했다. 대부분 대학에서 유스티니아누스 법전을 가르쳤고, 법학을 연구하는 학자들도 늘어났다. 11~13세기 이탈리아 볼로냐 대학을 중심으로 '글로사르트Glossators'라는 학자 집단이 활동했다. 이들은 유스티니아누스 법전을 해석하고 주석을 달았다. 로마법을 찾아내 새롭게 해석하기도 했다. 이 작업은 중세 유럽 법체계 발전에 중요한 역할을 했다.

사회적 변화도 일어났다. 국가가 커지고 사회가 복잡해지면서 갈등도 복잡해진 것이다. 안정적인 법률 체계가 중요해지면서 사람들은 로마법을 새롭게 해석하고 적용하기 시작했다. 종교, 왕실, 군사 관련 중요 사건은 상급 법원에서 다루었고 지역 문제나 사소한 범죄는 하급 법원에서 다루었다. 법률 전문가인 변호사도 활발히 활동했다.

상업 발전이 법체계에 미친 영향

항해술과 조선술이 발전하면서 여러 나라 상인이 얽힌 복잡한 거래도 많아졌다. 자연스럽게 상업 관련 법률도 발전했다. 상업은 큰돈이 오가는 분야였다. 변호사들은 새로 진출할 영역을 발견했다. 이 시장에 뛰어든 변호사들은 교활한 꾀를 내었다. 때로는 법을 위반하면서까지 소송에서 이기려 했다. 당시 어떤 변호사는 "나는 훌륭한 변호사다. 거짓으로부터 참을 만들어 낼 수 있고, 참으로부터 거짓을 만들어 낼 수 있으니."라고 했다고 한다. 그만큼 변호사는 탐욕스럽고 이기적이라는 사람들의 비난도 높아졌다.

새로운 법률 관련 직업들

법률을 다루는 새로운 전문 직업도 생겨났다. 국제 무역과 관련된 각종 문서를 작성하고, 이것이 정당한 절차로 만든 문서임을 증명하는 '공증인 Notary'이 활발히 활동했다. 공증인은 아무나 될 수 없었다. 전문적인 법률 지식을 갖춘 후 교회나 국가로부터 공식 자격을 인정받아야 했다. 교회법에 따른 유언장, 계약서 등을 작성할 때는 교회에서 인정한 공증인이 필요했다. 특히 교황청에서 직접 인정한 공증인은 권위가 매우 높았다. 국가에서 인정한 공증인은 세속적인 계약과 재산 거래 등의 업무를 담당했다. 특히 이탈리아 도시국가에서는 국제적으로 신뢰받는 계약서를 작성하는 데 공증인이 중요한 역할을 했다.

그 외에도 변호사를 돕는 '법률 보조원'이나 '서기'의 수요도 늘었다. 대학에서 법을 연구하는 학자들은 주로 교회법을 공부했다. 이들은 이론을 연구했으며 직접 소송을 진행하지는 않았다.

16~17세기 발전하는 변호사

여러 법률 전문 직업이 발전했지만, 여전히 법은 권력자들의 손에 있었다. 왕과 귀족은 세금을 거두는 권리 등 다양한 특권을 가졌다. 대부분 판결은 여전히 재판관이 혼자 결정했다. 이런 권력 사이에 변호사가 끼어들 틈은 별로 없었다.

16~17세기 무렵이 되어서야 법정에서 공식적으로 재판이 열리고 판사와 배심원이 판결하는 시스템이 자리 잡았다. 법정은 국가에서 운영했으며 귀족이나 교회가 재판에 끼치는 영향은 점차 줄어들었다. 판사도 증거와 증인을 꼼꼼히 따지며 원고와 피고의 주장을 공정하게 들으려고 노력했다.

'모두를 위한 정의'라는 이념도 발달했다. 재판에서 한 번 지더라도 다시 재판받을 수 있는 '상소 법정'도 생겼다. 교회법과 민법도 점차 구분되었다.

변호사도 본격적으로 활약하기 시작했다. 소송 당사자는 법정에서 자신을 대신하는 변호사에게 크게 의지했다. 사람들은 변호사와 함께 법정에 서는 것이 당연한 권리라고 여기기 시작했다. 그렇게 17세기 이후 변호사 직업은 더욱 인정받기 시작했다.

● 영국과 유럽

초기 영국 변호사

영국의 법률 전문 직업은 13~14세기 무렵 틀을 갖추었다. 우선 하급 법원에서 의뢰인을 변호하는 '하급 법정 변호사Pleador'가 있었다. 이들은 하급 법정과 특정 사건에서 활약했다.

'상급 법정 변호사Serjeants'는 중세부터 근대 초기까지 영국에서 가장 중요한 법률 전문가였다. 이들에게는 고등법원 재판에서 변론할 수 있는 자격이 있었다. 상급 법정 변호사는 왕이 임명했다. 이 자격을 얻기 위해서는 많은 경력과 명성을 쌓아야 했으며, 대다수 판사가 상급 법정 변호사 출신이었다.

상급 법정 변호사의 소송을 보조하던 변호사들은 점차 독립해 '법정 변호사Barrister'로 활동했다. 16세기에는 이들도 고등법원에서 변론할 수 있었다. 소송에 필요한 서류를 준비하는 '사무 변호사Solicitor'도 있었는데, 16세기 이후 독립적인 직업으로 발전했다. 이렇듯 영국 변호사는 법정 변호사와 사무 변호사가 뚜렷하게 구분되었다.

뛰어난 법정 변호사에게는 '왕실 고문King/Queen's Council'이라는 칭호를 붙였다. 왕실 고문은 왕에게 법률에 관해 조언했으며 법정에서 왕을 대변했다. 이들은 영국 법조계에서 가장 권위가 높았다.

영국의 변호사 교육 기관

네 개의 주요 단체로 구성된 법학원 Inns of Court 은 법률가를 교육하고 훈련했다. 법학원은 14~15세기 영국 법률 시스템의 중심으로, 법률가들이 공동으로 공부하고 생활하는 곳이었다. 법률가들은 이곳에서 체계적인 교육을 받고 실무 연습을 했다.

15세기 재판 모습

법학원은 법률 교육 표준을 만드는 데 중요한 역할을 했다. 법정 변호사로 활동하려면 법학원에서 일정 기간 훈련받고 임명식을 거쳐야만 했다. 법학원은 법정 변호사가 윤리적 기준을 지키고, 법률 전문가로서 책임을 다하도록 관리, 감독했다. 만약 법학원 회원이 규범을 어기면 징계나 처벌을 가하기도 했다. 법학원은 오늘날까지 전통이 유지되고 있으며 영국 법조계를 이끌어가고 있다.

법률 대리인이 된 대신 말하는 사람

중세 유럽에는 '포어슈프레처 Vorsprecher'가 있었다. 게르만족 법률 관습에서는 소송 당사자가 직접 법정에 나서야 했는데, 포어슈프레처는 말주변이 없거나 법률 지식이 부족한 사람 대신 법정에 설 수 있었다. 주로 소송 당사자와 친한 친구나 가족이 포어슈프레처를 했다. 이들은 소송 당사자가 말해야 하는 내용을 대신 전달했는데, 자기 의견을 말할 수는 없었다.

포어슈프레처는 14세기 이후 법률 전문가로 변화했다. '법률 대리인'은 법정에서 소송 당사자 대신 필요한 문서를 작성하는 등 법적 절차를 수행했다. '변호사'는 법적인 조언과 변론을 전문으로 했다.

영국과 다른 유럽 대륙의 변호사

유럽 대륙의 변호사들은 의뢰인을 만나 상담하고, 서류를 작성하고, 재판에서 변론하기까지 모든 과정에 참여한다. 영국처럼 사무 변호사와 법정 변호사로 나뉘지 않는다. 이 차이는 각 국가의 법체계에 차이가 있기 때문이기도 하다. 영국은 보통법 체계를 따르기 때문에 변호사가 판례를 연구하고 법적 논리를 구성하는 데 힘을 쓴다. 대륙법 체계에서 변호사들은 성문법을 바탕으로 재판을 준비하고, 기존 법률 조항을 적용해서 변호한다. 이들은 법정에서 새로운 의견을 제시하거나 법을 다르게 해석하지 않는다.

식민지의 변호사

17세기 초 북아메리카 식민지에 이주한 청교도인들은 법정에서 당사자 대신 다른 사람이 말하는 일을 이상하게 여겼다. 법정에서는 하나님이 원하는 뜻이 사람들의 행동을 통해 직접 드러난다고 믿었기 때문이다. 식민지 전역에서 변호사는 탐욕스럽고, 돈이 많이 들고, 사회적으로 쓸모없다는 취급을 받았다.

당시 식민지에서 변호사의 지위가 형편없었던 이유는 여러 가지였다. 우선 신분이 주는 권위가 부족했다. 영국 변호사는 귀족이나 상류층 출신이 많았는데, 식민지 변호사는 그렇지 않았다. 17세기 뉴욕에는 7명의 변호사가 있었는데, 이들 중에는 심지어 전과자도 있었다. 또한, 영국에서 변호사는 토지를 자손에게 물려줄 때 매우 중요한 역할을 했다. 하지만 북아메리카 식민지는 땅이 넓은 데 비해 사람이 적어 상속 문제가 거의 없어서 변호사가 별로 필요하지 않았다.

게다가 영국 보통법처럼 정리된 법률 체계가 없었다. 지역마다 다른 법률이 통일되지 않았고, 18세기 초까지 다른 주의 법률은 외국법으로 취급하기도 했다. 상황이 이러자 몇몇 교활한 변호사들은 법을 마음대로 가지고 놀기까지 했다.

● 왕조 시대 중국

변호사가 없던 시대

왕조 시대에 법을 만들고, 집행하고, 해석하는 일은 국가만의 권한이었다. 황제가 임명한 관리가 황제를 대신해 법을 해석하고 판결했다. 개인은 이 권한에 도전할 수 없었다.

또한 중국을 지배한 유교 사상은 사회 질서, 조화, 도덕을 중요하게 여겼다. 윤리적 기준에 따라 서로 화해하는 것이 올바른 해결이라 생각했다. 소송은 질서를 깨뜨리는 행위였고, 법적 분쟁을 일으키는 사람은 대접받지 못했다. 이런 이유로 소송을 대신하는 직업은 없었다. 소송에 관한 지식을 제공하는 민간인이 있었지만, 어엿한 직업으로 인정받지는 못했다.

등석과 송학

'등석鄧析'은 기원전 6세기 춘추 시대 정나라에서 활동했던 사상가이자 정치가이다. 그는 사람들에게 법률 지식을 가르치고 소송을 도왔다. 사람들은 분쟁이 생기면 등석을 찾아가 도움을 받았는데, 그를 찾는 사람이 끊이지 않았다고 한다.

등석은 갈등에 얽힌 양쪽 당사자가 모두 옳을 수 있다는 '양가설兩可說'을 폈다. 『여씨춘추』라는 역사책에 양가설에 관한 다음과 같은 이야기가 있다. 정나라에 홍수가 나서 부자 한 사람이 물살에 휩쓸려 죽었다. 마을 사람이 시신을 거두었는데, 사망자 가족이 시신을 돌려달라고 하자 마을 사람이 비싼 돈을 요구했다. 부자의 가족이 등석을 찾아와 도움을 청했다. 등석은 "걱정하지 말고 집으로 돌아가시오. 당신들 말고는 아무도 시신을 돌려달라 하지 않을 테니 당신들이 돌려받을 수 있소."라고 하였다. 이 말을 듣고 부자 가족은 더 이상 시신을 돌려달라고 요구하지 않았다. 시신을 돌려주며 한몫 잡으려던 마을 사람은 부자 가족이 오지 않자 불안해졌다. 이 사람도 등석을 찾아가 조언을 구했다. 등석은 이렇게 말했다. "걱정하지 마시오. 부자의 가족은 당신한테서만 시신을 돌려받을 수 있으니 말이오." 이 일화는 변호사가 같은 사건을 두고 의뢰인에 따라 전혀 다른 해답을 내리는 예로 널리 알려졌다. 등석은 이와 같이 자신이 정리한 소송에 관한 학문, '송학訟學'을 사람들에게 가르쳤다.

민간 변호사, 송사의 등장

송학은 송나라(960~1279) 때 사대부가 교양으로 익히는 필수 학문이 되었다. 송나라의 많은 사대부가 과거 시험 준비에 전념했는데 합격자는 극소수였다. 시험에 떨어진 사람 중에는 송학 지식을 바탕으로 고소장을 작성하고, 소송을 돕는 일을 전문으로 하는 사람들이 등장했다. 이들을 '송사訟師'라 한다.

송사가 활발히 활동할 수 있는 환경도 만들어졌다. 송나라의 상업과 수공업이 발전하며 경제 활동이 활발해지자 이익을 두고 갈등도 늘어난 것이다. 갈등을 조정하는 데는 법률이 필요했다. 민간에서도 소송을 꺼리지 않아서 송사는 본격적으로 일하기 시작했다. 특히 동남부 지역은 소송이 많기로 유명했는데, 이 지역에서는 법률을 가르치는 학원도 성황을 이루었다. 학교에서도 법률을 가르쳤고, 말하는 법을 가르치는 학원도 있었다.

송사를 싫어한 조정

황제와 조정은 소송 처리에 국력이 낭비된다고 생각했다. 역대 중국 왕조는 소송이 없도록 최대한 힘썼고, 국가 담당 재판에는 외부에서 개입하지 못하게 했다. 나라는 송사를 대중이 소송하도록 부추기는 존재로 여겼고, 송학을 금지했다. 법률을 가르치는 학원 운영을 금지하고, 교재로 사용하던 책도 단속했다. 그래도 송사는 사라지지 않았고 소송은 늘어났다. "비옥한 큰 땅을 경작하는 것보다 자그마한 소송을 한 번 하는 것이 낫다."라는 민요가 유행할 정도였다.

송사는 좋은 사람이었을까?

사실 사람들도 송사를 좋아하지 않았다. 송사를 '송곤訟棍'이라 부르기도 했는데, 이때 '곤棍'은 사기꾼, 백수, 무뢰한을 의미했다. 소송하고 재판받으려면 돈이 많이 들었다. 간단한 문서 한 장 쓰는 값도 만만치 않았다. 이런 비용을 내면서 소송하는 사람은 대부분 부유한 지주, 상인, 지방 호족이었다. 보통 백성은 비용을 감당하기 어려웠다. 시간이 흐르면서 송사는 지방 호족과 한패가 되었다. 중앙에서 내려온 수령은 일반적으로 지역 사정을 잘 몰랐고, 지방 호족은 가난한 백성이 가진 재물을 강탈하는 데 송사를 동원했다. 송사는 법률 지식으로 가난한 백성을 착취하였다. 물론 백성 편에서 관청과 싸운 송사도 있었다. 이들의 활약상은 이야기로 전해졌다.

관리를 돕는 변호사

청나라 때에는 관리를 법적으로 돕는 '막우幕友'가 있었다. 법률 지식이 부족한 지방 관리들이 개인적으로 막우를 고용해 법적 문제를 처리했다. 사실상 막우는 지방 행정에서 빼놓을 수 없는 존재였다. 형사 사건과 민사 사건을 담당하는 막우가 각각 있었다.

막우는 책으로 공부하고, 현장에서 법률 지식을 습득했다. 경험 많은 법률 자문가 밑에서 수년간 판결문 작성, 재판 운영법 등을 익혔다. 막우는 지방 관리가 신뢰하는 고위 자문가로서 사회적 지위를 누렸다. 다른 직업에 비해 보수도 후했고, 외딴 지역에서 일하면 더 많은 돈을 받았다.

● 우리나라

소송을 막으려 하는 국가

유교를 기본 사상으로 택한 우리나라 왕조 시대에도 변호사라는 직업은 없었다. 조선 조정과 관리는 소송을 바람직하지 않게 여겼다. 갈등과 다툼이 발생하면 가능한 마을 내에서 해결했다. 사대부들을 중심으로 하는 마을 유력자들은 백성을 잘 가르치고 풍습을 순박하게 만들면 소송이 자연히 사라지리라 믿었다.

만약 관청에 소송을 제기한다면 소송을 제기한 사람이 재판에 필요한 증거를 수집해 제출해야 했다. 피고도 원고가 직접 데려와야 했다. 원고가 평민이고 피고가 양반이면 피고를 재판정에 데려오기 어려웠다. 이처럼 소송하기는 어려웠지만 여러 분쟁은 끊이지 않았다. 지방 수령은 백성이 소송을 제기하면 바로 처리해야 했다. 하지만 재판은 늦어지기 일쑤였고, 당사자가 재판 결과에 승복하지 못하는 일도 많았다.

조선 시대의 변호사 외지부

조선 시대에는 변호사 역할을 한 소송 전문가 '외지부外知部'가 있었다. 외지부는 1472년 『조선왕조실록』에 처음 등장한다. 원로 대신들이 성종에게 외지부 때문에 소송이 늦어진다며 이를 엄히 벌하라고 청한 것이다.

> "무릇 소송이 늦어지는 것은 오로지 교활한 무리 때문입니다. '외지부'라고 부르는 자들은 항상 관청 앞에서 소송 당사자들을 몰래 꼬드기거나 스스로 송사를 대신하여 옳고 그른 판단을 어지럽게 하여 관리가 헷갈려 결단할 수 없게 합니다. 해당 부서에서 조사하여 엄히 벌을 내리게 하소서."
>
> — 성종실록 3년 12월 1일

외지부라는 이름은 관청에 속하지 않고 밖에서(외지) 소송에 관여한다는 뜻이다. 소송 절차, 문서 작성 등 법률 지식에 해박한 이들은 주로 재판과 관련된 관청 근처에서 활동했다. 다른 사람의 소송을 부추기거나 소송을 대신해 주고 재판에 이기면 보수를 받았다.

때로는 재판에서 이기기 위해 증거를 위조하고, 소송 기한을 연장하고, 상대방을 속이는 외지부도 있었다. 그래서 당시 정부에서는 외지부를 '글재주를 부려 법을 우롱하고, 옳고 그름을 뒤바꾸는 자'로 여겨 엄하게 처벌했다. 성종은 외지부를 잡아들여 변방으로 추방했다. 연산군은 외지부를 고발하면 상을 주었으며, 알고도 고발하지 않은 자는 벌했다. 하지만 외지부는 사라지지 않고 그 명맥을 유지했을 뿐 아니라 권력자들과 손을 잡기도 했다.

서식 모음집, 『유서필지』

소송 문서는 일정한 형식을 따랐다. 18세기 후반 조선에는 관리나 유생들이 꼭 알아야 하는 각종 문서 형식을 모은 『유서필지(儒胥必知)』라는 책이 등장했다. 이 책에는 왕에게 올리는 글 '상언', 왕이 행차할 때 징을 치며 올리는 '격쟁원정', 소송을 위한 문서 '고목', 거래 계약서 '문권', 어떤 사실을 설명하는 '통문' 등의 서식이 실려 있었다.

소송이 활발했던 조선 후기

정부와 사대부들은 소송을 줄이려 했지만, 조선 후기로 갈수록 소송은 늘어났다. 백성은 세금이나 노역에 관한 억울한 사정을 관청에 호소했다. 소송은 양반, 평민, 노비 누구든 할 수 있었다. 여성도 가능했다. 글을 모르는 사람들은 다른 사람에게 부탁해서 소송 문서를 썼다. 주로 법률 지식이 있는 이웃이나 마을 어른으로부터 도움을 받았다. 과거에 낙방하고 고향으로 내려온 지식인 중에 사람들을 도와 소송장을 쓰고 청원을 올리는 사람도 있었다. 나라에서 외지부는 단속했지만, 글을 모르는 사람 대신 소송장을 쓰는 일까지 막지는 않았다.

대작과 대송

경험 많은 마을 노인, 관청 하급 관리, 유학을 공부하는 유생 등은 소송 당사자의 부탁을 받고 소송 관련 문서를 대신 써 주었다(대작, 代作). 하지만 소송을 대신(대송, 代訟)하지는 못했다. 소송장은 소송 당사자가 반드시 직접 제출해야 했다. 단, 아버지와 아들, 형제, 사위, 조카 등 친인척 사이에서는 대송이 가능했다. 그러나 어떤 마을이든 말솜씨와 글솜씨가 좋은 사람이 관청을 드나들며 소송을 대신했다. 나라에서 금지해도 대송은 없어지지 않았다.

근대 이후
발전한 변호사

근대는 법의 시대였다. 절대 왕정이 무너지고 시민 사회가 등장하면서 '누구나 법 앞에 평등하다'라는 이상이 구체적인 제도로 자리 잡기 시작했다. 이 과정에서 등장한 존재가 바로 근대적 의미의 변호사다. 근대적 의미의 변호사 직업은 유럽과 미국에서 제도로 자리잡았고, 동아시아에서 수용되고 변형되는 과정을 거쳤다. 이를 통해 우리는 단순한 직업을 넘어 시대정신과 사회 구조의 변화를 반영하는 존재로서 변호사의 의미를 되짚어볼 수 있을 것이다.

유럽과 미국에서
번성하는 변호사

늘어나는 변호사

서구에서는 산업화가 빠르게 진행되면서 수천 년 동안 이어져 온 관습과 지역 중심 공동체가 파괴되었다. 대부분 서구 국가가 노동자 권리, 아동 인권, 소비자 보호 등 이전에는 없었던 문제를 중요하게 취급하기 시작했다. 이를 다루는 새로운 법이 만들어지고, 민법과 형법이 분리되었다. 소송 절차는 더욱 복잡해졌다. 법과 절차가 복잡해지면서 법률 전문가의 도움이 필요한 사람도 많아졌다. 19세기에 들어서면서 변호사 숫자는 빠르게 늘어났다. 1830년 영국에는 약 2천 5백 명의 변호사가 있었으며 1880년에는 그 수가 세 배로 늘어났다.

19세기 영국은 강력한 힘을 과시했다. 이들은 전 세계에 식민지를 두고 지배했다. 영국 본토에서 문제를 일으켜 활동이 금지된 변호사들은 식민지로 떠났다. 19세기 후반이 되어 영국에 변호사가 넘쳐나자 젊고 실력도 갖춘 변호사들도 여러 나라로 진출하기 시작했다. 이들은 세계 각국에 영국식 법률 시스템을 퍼뜨렸다.

대륙법의 발전

유럽 대륙에서는 국가가 엄격한 법률 시스템을 만들었다. 프랑스 혁명 이후 1804년, '프랑스 민법전(Code civil des Français)'이 공포되었다. 나폴레옹이 프랑스 전역에 적용할 수 있게 통일된 법을 만들게 하여 '나폴레옹 법전'이라고도 한다. 이 법은 프랑스 혁명 정신을 바탕으로 '모든 시민은 법 앞에 평등하다.'라는 원칙을 선언했다. 개인 재산을 법적으로 보호하고, 개인은 계약을 자유롭게 체결할 수 있으며 법은 계약의 내용을 존중한다는 등의 내용을 담았다. 나폴레옹 법전은 현대 민법의 기초가 되었고, 대륙법에 중요한 법적 원칙을 제공하여 많은 나라가 이를 모델로 법체계를 수립했다.

1900년 독일도 '민법전(Bürgerliches Gesetzbuch)'을 시행했다. 이 법으로 개인의 자유와 재산권 보호를 중시하는 법적 원칙을 확립했다. 이 두 법은 전 세계 대륙법 체계 국가들이 법률 시스템을 만드는 데 큰 영향을 끼쳤다.

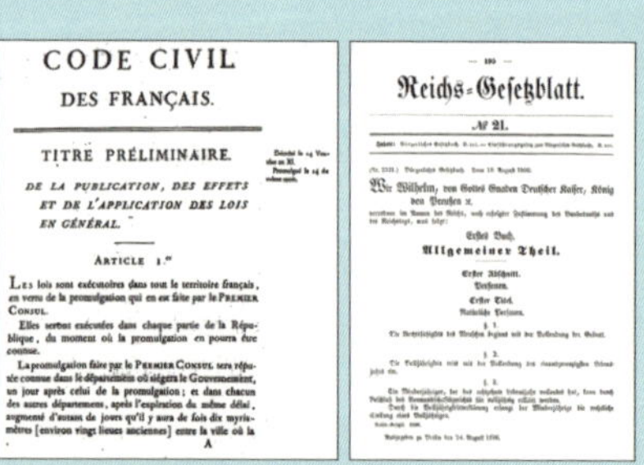

프랑스 민법전(왼쪽)과 독일 민법전(오른쪽)

대중을 상대하는 변호사

중세 이후 절대 왕정 시대까지는 권력자가 법을 좌지우지했다. '군주의 뜻이 법이다 Prince's Pleasure is law'라는 속담도 있었다. 변호사는 왕, 귀족, 고위 성직자로부터 지원받아 이들이 원하는 식으로 법을 해석했다.

18~19세기 산업화는 국가와 사회 전체 구조를 바꿔놓았다. 신분은 더 이상 중요하지 않았다. 개인, 집단, 국가 간의 계약을 통한 '권리'와 '의무'가 중요해졌다. 변호사는 권력자로부터 후원받는 대신 상인, 노동자 등 일반 사람들의 의뢰를 받아 돈을 벌었다.

발전하기 시작하는 미국 변호사

18세기 후반 북아메리카 식민지의 경제가 발전하며 더 많은 변호사가 필요해졌다. 1765년 영국 법학자 윌리엄 블랙스톤은 『영국법주해』라는 책을 냈다. 이 책은 영국 법이 만들어진 역사적 배경과 원칙, 이론적 기반을 쉽고 구제적으로 설명했다. 미국에서는 이 책으로 법률 전문가를 교육했고 블랙스톤이 정리한 원칙은 훗날 미국 헌법과 법률 체계를 만드는 데도 큰 영향을 끼쳤다. 법률 교육도 점차 발전하여 유명 대학 출신 변호사들도 많아졌다.

독립 국가가 된 미국의 변호사

변호사들은 미국 독립 전쟁과 새로운 국가 형성 과정에서 중요한 역할을 했다. 변호사들은 독립 전쟁에서 사람에게 본래 주어진 권리(천부 인권)와 자연법 사상을 무기로 영국 법과 싸웠다. 또한 표현의 자유, 종교의 자유를 보장하는 미국 헌법과 법률 제도 기초를 다지는 데 헌신했다. 이 과정에서 변호사라는 직업의 사회적 평판과 지위는 크게 높아졌다.

미국의 독립 이후 미국 경제와 산업은 빠르게 발전했다. 법률 직업도 전문화되었는데, 영국과 달리 법정 변호사와 사무 변호사가 나뉘지 않고 한 명의 변호사가 법적 자문과 소송대리를 모두 수행했다. 대신 상업 전문, 형사 사건 전문, 민사 전문 등 각 분야에 따른 전문성이 발달했다.

체계를 갖춘 미국 법률 교육

1779년에는 '리치필드 법률학교'라는 사설 법률학교가 세워졌다. 1817년에는 '하버드 로스쿨'이 문을 열었다. 19세기 중반부터 여러 법률학교가 설립되어 1860년까지 21개의 법률학교가 생겼다. 이렇게 미국식 정규 교육 시스템이 발전했는데, 변호사가 되는 길은 여전히 영국의 도제식에 가까웠다.

변호사가 되려는 사람은 우선 다른 변호사 아래에서 법률 보조원

> ### 판례집 방법
>
> 1870년 하버드 로스쿨 학장이었던 크리스토퍼 랭델은 '판례집 방법(casebook method)'이라는 교육 방식을 도입했다. 이는 학생이 실제 재판 사례에서 법을 어떻게 적용하고 해석하는지 학습하는 방법이다. 이 교육 방식으로 미국 법률학교는 세계 최고 수준에 올랐다. 현재도 미국 대부분 로스쿨에서는 판례집 방법을 사용한다.

으로 일했다. 간단한 서류 준비부터 시작해서 경험이 쌓이면 대리 변호사로 변호사의 일을 도왔다. 전체 사건을 혼자 처리할 수 있고, 복잡한 재판에 참여해 본 후에야 변호사로 독립할 수 있었다. 이 과정에서 얼마나 잘 훈련받았는지에 따라 변호사로서의 성공과 실패가 갈렸다.

1878년에는 '미국 변호사 협회'가 설립되었다. 비슷한 시기에 각 주마다 변호사 협회가 등장했는데 주로 법률 교육, 자격 관리, 윤리 규정 준수를 위해 활동했다.

근대 중국에 등장한
서양식 변호사

개항과 변호사

1842년 아편 전쟁에서 패배한 청나라는 영국과 '난징 조약'을 맺고 그에 따라 광저우, 샤먼, 푸저우, 닝보, 상하이 다섯 항구를 타국에 개방했다. 1845년에는 상하이에 외국인 거주 지역인 '조계'를 설치했다. 조계는 외국인이 관리했고, 청나라 법도 통하지 않았다. 영국, 미국, 프랑스는 조계에 감옥, 법원 등 행정 기관을 설립했고, 이곳에서 서양 변호사들이 활동했다. 조계에는 '회심 재판소會審公廨'가 있어서 조계에서 발생한 사건들은 이곳에서 담당했다. 만약 중국인과 외국인이 함께 소송 당사자가 된 경우에는 중국인도 서양 변호사를 고용할 수 있었다.

외국인 변호사가 처음 중국 법정에 등장한 것은 1866년이다. 1906년에 청나라는 '형사소송법'을 만들었는데, 여기에 변호사 관련 규정이 포함되었다. 이어서 재판 규정과 법원 설립법 등을 공포하며 변호사 활동은 법적으로 보장되었다.

상해 혁명 이후 변호사들

상해 혁명으로 중화민국 난징 임시 정부가 들어섰다. 혁명을 주도한 쑨원과 지도자들은 변호사 제도가 시행되지 않으면 국민이 사법부를 믿지 못하고 소송에 큰 지장을 초래하기 때문에 변호사 제도를 빠르게 확립해야 한다고 생각했다. 임시 정부는 사법 개혁을 추진했고 변호사 제도는 점차 자리 잡았다.

중국 최초 서양 변호사 우팅팡

우팅팡(伍廷芳)은 처음으로 영국 변호사 자격을 획득한 중국인이다. 그는 1874년 영국으로 유학을 떠나 법학원에서 공부했고 1876년 변호사 시험에 합격했다. 1년 뒤에는 런던대학교에서 법학박사 학위까지 받았다. 우팅팡은 이후 홍콩에서 변호사로 활동했다. 신해혁명을 지지한 그는 중화민국 난징 임시 정부 대법원장을 맡았고, 그 후에도 고위 관리직을 역임했다.

우팅팡

1912년 1월에는 상하이에 첫 변호사 협회가 등장했다. 당시 대법원장이었던 우팅팡은 서구식 변호사 제도를 만들자고 주장했다. 같은해 9월에는 중국 역사상 최초로 변호사 제도와 변호사 산업에 관한 규정인 '변호사 임시헌장'이 공포되었다. 이 헌장에는 변호사 자격, 변호사 의무, 처벌 등 총 38개의 조항이 있었다. 그해 말에는 첫 번째 변호사 자격 국가시험이 치러졌고 그 결과 297명이 변호사 자격을 얻었다. 이후 변호사 숫자는 빠르게 늘어나서 1년 뒤에는 변호사 2,716명이 탄생했다. 이렇게 중국에는 서양식 근대 변호사 제도가 자리 잡았다.

일제 강점기
우리나라의 변호사

대인 제도

우리나라에 공식적으로 변호사라는 직업이 등장한 것은 갑오개혁 이후이다. 1895년 공포한 '민형소송규정'에서 '대인代人 제도'를 규정했다. 대인은 대신하는 사람, 즉 대리인이란 의미다. 이 규정에 따르면 소송 당사자 본인이 소송을 진행할 수 없는 경우 재판소로부터 허가받은 다음 대인에게 맡길 수 있었다. 대인으로는 소장을 대신 작성하던 '대서인'과 재판정에서 소송대리 역할을 하던 '대언인'이 있었다. 대인이 되는 데 특별한 자격 조건은 없었다. 법률 지식이 없어도 대인으로 활동할 수 있었는데, 이 때문에 오히려 대인이 소송을 방해한다는 비난을 받기도 했다.

변호사 제도를 도입하다

1905년 11월 8일 대한제국은 '변호사법'을 공포했다. 근대적 변호사 제도를 법으로 뒷받침한 것이다. 이 법에 따라 변호사는 소송 당사자 대신 소송을 진행할 수 있었다. 변호사는 허가를 받은 다음 변호사 명부에 이름을 올리고 활동했다. 1907년 6월에는 법부에서 변호사시험을 실시했다. 첫 시험에는 80여 명이 응시해서 6명이 합격했다. 그해 9월에는 변호사 협회인 '한성변호사회'가 탄생했다.

일제 강점기 초기

1906년부터 일본 제국주의는 한성부(서울)에 통감부를 설치했다. 통감부는 1909년에 대한제국의 사법권을 강탈했고, 일본인도 우리나라에서 변호사로 활동하도록 허용했다. 1910년 8월에는 일본식 법률을 도입하고, 같은 해 12월에 '변호사 규칙'을 공포했는데 통감부에서 시행하던 규칙을 거의 그대로 이어받았다. 변호사 협회는 일본인 변호사들이 모인 '경성제일', 조선인 변호사들이 모인 '경성제이'로 구분했다.

일제 강점기 초기 변호사는 대부분 일본 사법기관에서 근무하던 판사 또는 검사 출신이었다. 조선인보다 일본인 숫자가 많았다. 그러나 한국어에 능숙하지 않던 일본인 변호사들이 조선인 소송 사건을 모두 수용할 수는 없었다. 특히 1919년 3·1운동 이후 독립 만세 시위

안병찬은 충남 홍주 태생이다. 그는 법관양성소를 졸업한 후 법부에서 일했다. 1906년에 평양에서 검사로 근무하다가 그만두고 1907년부터 변호사 활동을 시작했다.

1909년 10월 26일 안중근 의사가 러시아 하얼빈에서 이토 히로부미를 사살했다. 반일 활동에 앞장서던 안병찬은 안중근 의사의 재판이 뤼순 일본 관동도독부 지방법원에서 열린다는 소식을 듣고 뤼순 감옥으로 찾아갔다. 그리고 공판이 열리자 변호인으로 나서 재판을 도왔다. 사형이 선고되자 안중근 의사를 마지막으로 면회하고 그가 남긴 유언을 널리 전하기도 했다.

1910년에는 매국노 이완용을 처단하려다 실패한 이재명 의사 변호를 맡았다. 그는 법정에서 "피해자 이완용은 총리 자리에 앉은 이후 국가와 인민은 생각하지 않고 자기 일신 영달만 생각하고 나라를 일본에 팔아 오백 년 종사와 이천만 생명을 비극에 몰아넣은 책임자"라고 꾸짖었다. 또한 "(이재명 의사는)나라와 세상을 걱정한 기개가 넘치는 지사로 살신성인의 살아있는 모범이기에 보통 범죄로 다루면 안 된다."라고 변론했다.

안병찬

조선변호사 안병찬 체포 기사

에 참여했던 사람들에 관한 재판이 늘며 인력이 부족했다. 일제는 인력 부족 문제를 해결하고자 '조선변호사시험'을 시행했다. 이 시험을 통과해 자격을 얻은 조선인 변호사 숫자는 계속 증가했다. 조선인 변호사들은 독립운동 참여자들을 변호했다. 몇몇 변호사들은 1923년에 '형사변호공동연구회'를 결성했는데, 이 단체 소속 변호사는 애국지사 관련 재판을 전문적으로 담당했다.

법정에서 독립운동에 힘을 보태다

일본군은 1931년 만주를 침략했다. 1932년에는 만주 전역을 점령하고 만주국을 세웠다. 그즈음에는 조선에 대한 통제도 강화되었다. 1936년에는 '조선변호사령'을 공포하여 변호사 규칙을 대폭 고쳤다. 그 결과 변호사들은 법률을 근거로 일제 정책에 반대하지 못하게 되었다. 독립운동, 사회 운동과 관련된 사람들을 변호하던 변호사들의 활동이 제약되었다.

1937년 일본이 중국을 침략하며 중일전쟁이 발발했다. 전시 체제로 전환되며 조선은 전쟁을 위한 병참 기지가 되었고 조선인은 가혹하게 수탈당했다. 1938년에는 조선인과 일본인이 따로 설립했던 변호사 협회를 하나로 합쳤다. 총독부는 일본인 변호사들이 조선인 변호사들을 관리하고 통제하리라 기대했다. 그러나 조선인이 협회장으로 선출되면서 계획이 틀어졌다. 이후 변호사 협회는 다시 둘로 나누어졌다.

1941년 일제는 국가보안법을 제정하고 시행했다. 이 법은 사상범(독립운동가)의 변호는 국가가 지정한 변호사만 할 수 있도록 했다. 사상범 변호에 적극적인 변호사에게는 다른 죄를 뒤집어씌워 자격을 박탈하거나 보안법 위반을 근거로 구속하기도 했다. 그러나 많은 변호사가 독립투사와 사회 운동가들이 법정에서 싸우는 데 힘을 보탰다.

일제 강점기에 변호사가 되는 법

일제 강점기 변호사 중에는 조선총독부 판사나 검사를 하다가 그만두고 변호사로 활동하는 사람이 제일 많았다. 다음으로는 조선변호사시험을 통과하여 자격을 얻은 변호사가 많았다. 조선변호사시험에는 조선인과 일본인 모두 응시할 수 있었다. 시험은 예비 시험, 본시험, 신체검사로 진행되었다.

시험 합격은 어려웠다. 1922년 처음 실행한 변호사 시험 합격자는 4명뿐이었다. 그다음에도 합격자기 10여 명을 넘지 못했다. 조선변호사시험을 특별한 자격 제한이 없는 만큼 '독학자의 등용문'이라고 알려졌다. 신문에는 어려운 환경에서 독학으로 시험에 합격한 사람들에 관한 기사가 자주 실렸다.

1936년부터는 '변호사시보제'를 도입했다. 조선변호사시험 합격자는 조선변호사시보로 1년 6개월 이상 실무 수습을 마치고 다시 평가

시험을 쳐야 했다. 변호사시보 실무 수습은 경성변호사회에서 주관했다. 경성변호사회는 매년 변호사시보 수를 정해 총독부로부터 허가받았다. 변호사시험 합격자는 경성변호사회에 등록한 후 지도변호사를 정했다. 그 후 지도변호사 사무실로 출근하였고, 보수는 따로 없었다. 변호사시보는 지도변호사가 소송 당사자를 대하는 방법, 상담 내용, 법정 변론 등 소송하는 전체 과정을 옆에서 보고 익혔다. 변호사시보는 매달 월례 회의에 참석하고 경성변호사회에 자기가 배운 내력을 기록해 제출했다. 변호사시보 실무 수습을 마치면 민사와 형사소송 기록을 작성하는 시험을 치렀다.

고수입을 올리는 변호사

독립투사와 우국지사 변호에 앞장서며 고난을 겪기도 했지만, 변호사는 대개 고수입을 올리는 안정적인 전문직이었다. 1944년 서울에서 변호사 수임료는 대개 착수금 30원, 사례금 50원 정도였으며, 1인당 평균 연 수입이 3천 원 정도였다. 1930년대 의사 월급이 100원, 은행원 월급이 95원, 신문기자 월급이 70원 정도였으니 변호사는 다른 전문직과 비교해도 돈을 많이 벌었다. 특별한 사건을 맡아 한번에 1만 원 이상을 받는 사례도 있었다. 조선 변호사들은 자연스럽게 지역 사회의 유력자로 성장했다. 엘리트로 존경받기도 했으나, 항일 변호사를 제외하고는 '말을 팔아 부를 쌓은 자'라는 비난도 받았다.

20세기 이후
변호사

20세기 이후 변호사는 더 이상 '법정 안'에만 머무는 존재가 아니다. 산업화, 세계화, 디지털화가 연달아 사회를 재편하면서 법을 적용하는 대상이 확대되었고, 법이 이전보다 복잡해졌다. 이에 따라 변호사의 활동 무대도 법정과 법률 사무소를 넘어, 기업, 정치, 국제무대, 인권운동 현장, 그리고 첨단 기술 분야로까지 확장되었다. 이제 변호사는 단순한 대리인이나 중재인을 넘어, 갈등을 조율하고, 시스템을 설계하며, 사회적 가치를 조율하는 전략가이자 공적 조언자가 되었다.

새로운 영역에서 활약하는 변호사

다른 나라의 법도 중요해지다

변호사는 각 지역이나 국가가 채택한 법률을 이해하고 적용하도록 훈련받았다. 과거에는 다른 지역이나 국가의 법률과 연결해 해석하려는 노력은 필요 없었다. 그러나 운송 수단이 발전하면서 전 세계의 경제와 정치가 서로 영향을 미치기 시작했다.

제1차 세계대전이 일어나고 법률 전문가들은 각 나라의 법률 시스템이 어떤 구조인지, 어떻게 작동하는지 관심을 기울이기 시작했다. 이 관심을 기반으로 '국제법'이 발전했다.

1916년 '에른스트 라벨'은 독일 뮌헨 대학교에 비교법Comparative law 연구소를 만들었다. 비교법은 다양한 국가의 법률 시스템의 비슷한 점과 차이점을 비교 분석하는 분야다. 비교법은 이후 서구 법학에서 중요 주제로 자리 잡았다.

새로운 분야의 법률

20세기가 되어 품질 보장, 의료 분쟁, 공공 안정, 사회 복지 등에 관한 새로운 법들이 탄생했다. 변호사들에게 새롭게 진출할 영역이 또다시 생긴 것이다. 이 분야의 소송들은 '암묵적 계약Silent contract'이라는 개념에 바탕을 두었다. 암묵적 계약은 계약서를 쓰거나 공개적으로 합의하지 않더라도 당사자 사이의 행동, 상황, 관행 등으로 계약이 성립되었다고 여기는 것이다. 이런 소송은 규모가 매우 컸다. 수백, 수천 명 대중이 회사나 정부를 상대로 소송을 걸기도 했다. 보상금액도 엄청났다. 소송에서 이기면 변호사도 큰 금액을 벌 수 있었다.

변호사의 옷차림

변호사 직업의 사회적 지위가 높아지자 변호사 단체의 힘도 막강해졌다. 변호사들은 다른 사람들과 구별되는 옷차림을 했다. 영국 법정 변호사는 검은색 정장을 입고 흰 셔츠를 입은 다음, 긴 로브를 걸치고 가발을 썼다. 여성 변호사는 목이 높은 블라우스를 입고 머리를 뒤로 묶으며 장신구로 꾸미지 못했다. 날씨가 춥든, 덥든 긴팔 옷을 입어야 해서 옷차림에 대한 불만이 높았다. 옷차림 규칙은 시간이 지날수록 완화되었으나 여전히 다른 직업에 비해 까다롭다.

서구 변호사들의 다양한 활동

유럽 대륙을 비롯해 대륙법 체계 국가에서는 변호사가 되는 방법과 판사, 검사가 되는 방법이 완전히 다르다. 그에 비해 미국과 영국에서는 변호사가 판사나 검사가 될 수 있다. 미국에서 판사가 되려는 변호사는 개인 간 분쟁보다는 공공 문제 소송에 관심을 기울이고, 정부 기관에서 일하기도 했다. 미국은 여러 정부 기관에서 고루 변호사를 채용했다.

유럽은 대개 법률 관련 부서에서 변호사를 채용했다. 좋은 자리를 차지하기 위한 경쟁이 치열했다. 유럽은 젊은 변호사 한두 명이 함께 개인 사무실을 여는 경우가 많았다. 미국은 상대적으로 많은 변호사가 대형 법률 회사(로펌)에 취직했다. 변호사의 수가 늘어나자 법률 회사들은 의뢰를 받기 위해 노력했다. 몇몇 법률 회사는 번화한 거리나 쇼핑센터에 사무실을 열었고, 미디어에 광고를 하고 가격을 낮추며 경쟁했다.

다양한 곳에서 일하는 변호사들

변호사들은 개인 변호사 사무실을 열고 직접 의뢰인을 상담하고 소송을 대리하는 등 다양한 법률 서비스를 제공한다. 로펌에서 근무하는 변호사들은 기업 자문, 소송, 국제 거래 등 다양한 분야의 법률 서비스를 제공한다. 기업에 취직하여 사내 변호사로서 계약 검토, 분쟁 해결, 법률 자문 등 기업의 전반적인 운영에 관한 다양한 업무를 담당하기도 한다.

대한법률구조공단 같은 공공기관에서 일하는 변호사도 있다. 이러한 곳에서 일하는 변호사들은 법률 지식 부족과 경제적인 어려움 등으로 법의 보호를 충분히 받지 못하는 사람들에게 법률 상담과 법률적 지원을 한다.

그 외에도 연구, 교육 기관에서는 법학 교수나 연구원으로서 법률교육 및 연구 활동을 수행한다. 시민단체나 국제기구 등에서 일하는 변호사는 사회적 약자를 위한 법률 지원 활동이나 공익 소송을 수행한다.

근대 중국의 변호사

중화인민공화국 수립 이후

1949년 9월 중화인민공화국은 '중화인민정치협상회의 공통 강령'을 채택했다. 옛 변호사 제도를 폐지하고 변호사 조직을 해산한 뒤 새로운 인민 변호사 제도를 만든 것이다. 1957년까지 중국 전역에 변호사 협회를 만들었고, 2천 5백여 명이 변호사로 활동했다. 그러나 문화대혁명으로 변호사 제도는 다시 중단되었다가 1978년이 되어서야 다시 살아났다.

1980년 8월, '중화인민공화국 변호사 임시조례'가 공포되었다. 이 조례가 현대 중국 변호사 제도에 관한 첫 번째 법률이다. 이 법은 변호사 직업의 성격, 임무, 법적 지위를 규정하고 변호사의 책임, 권리, 자격, 업무 등 제도를 확립했다.

발전하는 중국 변호사

1986년 7월, 제1회 전국변호사대회가 베이징에서 열렸다. 여기서 '전중변호사협회' 설립을 발표했다. 그해 변호사 자격시험도 처음으로 시행했다. 총 1,134명이 합격하여 변호사 자격증을 받았다.

1988년 처음으로, 리궈지라는 변호사가 상하이에 개인 변호사 사무실을 열었다. 1996년에는 '중화인민공화국 변호사법'이 공포되었다. 2002년부터는 변호사 자격시험 대신 사법시험 제도를 시행했다. 2018년부터는 '국가통합법조인자격시험'으로 변경해 판사, 검사, 변호사, 공증인 등을 함께 선발한다. 2022년을 기준으로 중국에는 변호사가 약 60만 5천 명, 법률 회사 3만 7천여 개가 있다.

대한민국 변호사

미군정 시기 대한민국의 변호사

1945년 해방 후 미국이 한반도 삼팔선 이남 지역에 군정을 실시했다. 1945년 10월 일본인 판사와 검사를 모두 파면하고 이들 대신 조선인 변호사를 기용했다. 그러나 법률 전문가 숫자가 부족해서 미군정 법무국에서는 '변호사자격부여'라는 규정을 만들어 변호사를 뽑았다. 자격 조건은 24세 이상 조선인으로, 법률을 공부했거나 법률 관련 교육과 경험이 있는 사람 또는 법무국장이 선정한 위원 앞에서 교육이나 경력 시험에 합격한 사람 등으로 정했다. 그 결과 150여 명이 변호사 자격을 받았다. 하지만 자격 조건이 애매하고 평가가 엄격하지 않아서 이때 변호사가 된 사람은 이후에도 자질이 부족하다는 비난을 받았다.

차차 변호사 관련 법령을 정리한 미군정은 1947년 3월 '조선변호사시험령'을 공포하고 그해 10월 1회 변호사시험을 실행했다.

정부 수립과 한국전쟁을 겪으며

1948년 7월 17일 대한민국 헌법이 제정·공포되었고, 그해 8월 15일 대한민국 정부가 수립되었다. 이어서 1949년 11월 7일 '변호사법'이 제정되었다. 1950년 1월에는 첫 번째 '고등고시 사법과' 시험이 시행되었다. 합격자 중 변호사가 되려는 사람은 1년 이상 변호사시보로 실무 교육을 받았다.

그러나 1950년 6·25전쟁으로 인해 많은 법조인이 생명을 잃었다. 서울변호사회 회장을 비롯해 북으로 끌려간 변호사의 숫자도 적지 않았다. 변호사 수는 줄었지만, 전쟁으로 군인의 수가 늘고 군대 내에서 각종 사고가 발생하자 군대의 법률 전문가 수요가 늘어났다. 이에 1952년 4월에는 '군 법무관'을 뽑기 시작했다. 군 법무관 자격시험에 합격한 사람에게도 변호사 자격을 주었다.

아직 전쟁 중이었지만 1952년 8월 29일에 '대한변호사협회'가 정식으로 출범했다. 법에 따라 모든 변호사가 대한변호사협회에 가입했다. 협회는 '변호사는 정의를 실현하고 자유를 얻기 위하여 항상 억울한 약자의 편이 되어 강자의 횡포를 막는데 선봉이 됨으로써 법과 인권을 수호'하는 사명을 내세웠다.

사법시험 제도가 자리 잡다

전쟁 후 대한민국은 정치적으로 매우 혼란스러웠다. 1960년 4·19 혁명이 일어나 초대 대통령 이승만의 독재 정권이 막을 내렸다. 그 후 수립된 제2공화국은 박정희가 일으킨 5·16 군사 쿠데타로 정권을 내려놓았다. 이후 군사 정권은 정부 주도의 신속한 경제 개발을 추진했는데, 이를 뒷받침하기 위해 1963년 '사법시험령'을 공포했다. 고등고시 사법과를 없애고 대신 사법시험을 도입한 것이다.

사법시험 합격자는 1962년에 설립된 서울대학교 사법 대학원에서 2년간 공부하고 법원과 검찰로부터 실무 수습 교육을 받았다. 1971년부터는 대법원에 사법연수원을 설치했다. 판검사나 변호사가 될 수 있는 자격으로 '사법시험에 합격하여 사법연수원의 소정 과정을 마친 자'로 정했다. 사법시험은 누구나 치를 수 있었다.

성장하는 로펌

변호사는 민주적 법치 질서 유지에 이바지한다. 대한변호사협회의 목적은 '기본적 인권의 옹호와 민주적 기본질서의 확립'이다. 동시에 변호사는 개인이나 단체에 법률 서비스를 제공하고 대가를 받는다. 일반 서비스 사업자와 같다. 1950년대 후반 변호사들이 모여 법률 사무소를 회사처럼 운영하는 '로펌**Law Firm**'이 등장했다. 사법고시에 합격하고 미국 로스쿨 유학을 마친 국제 변호사들이 로펌 설립에 앞장섰다.

1980년대에 로펌은 본격적으로 규모를 키웠다. 1997년 대한민국의 경제 위기가 로펌에게는 기회였다. 경제 위기를 극복하는 과정에서 기업들은 외국 자본을 들여오고, 사업을 팔고, 노동자를 해고하는 등 극심한 변화를 겪었다. 이 과정에서 다양한 문제가 터져 나왔고, 이를 처리하며 수많은 로펌이 성장했다. 검사 출신, 사법연수원 성적 우수자, 공직자, 외국 변호사들이 로펌에 들어갔다. 2000년대에도 로펌은 계속 성장하여 1996년 100여 개가 안 되던 로펌은 2009년에는 461개가 되었다. 로펌 한 곳에서 변호사 수백 명이 일했다. 로펌이 거두는 수익도 막대하여 변호사 업계 전체 수익 중 70%는 로펌이 차지했다. 그러나 로펌은 이익만 추구하고 변호사로서 지켜야 하는 윤리 문제를 제대로 지키지 않는다는 비난도 받았다.

인권 변호사가 활약하다

1970년대부터 '공공을 위한 법 실현'이라는 임무를 다하는 변호사도 늘어났다. 이들은 독재 정권에 맞서 인권과 자유를 지키는 투쟁에 나섰으며, 인권 변호사라 불렸다.

박정희 정권은 '긴급조치'라는 대통령 명령으로 독재 권력을 지켰다. 수많은 학생과 노동자, 사회 운동가가 긴급조치 위반으로 잡혀 재판에 넘겨졌다. 이러한 사건을 '시국사건'이라 했다. 인권 변호사들은 시국사건 변호에 앞장섰다.

1980년대부터 인권 변호사들은 모임을 만들었다. 대표적으로 1988년에는 '민주화를 위한 변호사 모임(민변)'이 탄생했다. 민변은 체계적으로 시국사건을 변호했고, 민주화 운동 진영을 법적으로 뒷받침했다. 나쁜 법안을 없애는 일에도 적극적이었다. 민주화 이후에는 국가인권위원회 설립, 재벌 개혁, 법률가 양성 제도 개혁, 검찰 개혁 등에 힘썼다.

로스쿨 시대를 맞이하다

1990년대부터 법조계는 법조인을 어떻게 길러낼지에 관해 뜨겁게 논쟁했다. 정부는 2004년 '사법개혁위원회'를 구성하고 '법학전문대학원(로스쿨)' 제도를 도입했다. 2007년에는 '법학전문대학원 설치, 운영에 관한 법률'을 공포하고 이어 2009년 25개 로스쿨이 문을 열었다. 총 2천 명을 입학생으로 받았다. 같은해 '변호사시험법안'을 공포하여 사법고시가 없어지고 로스쿨 졸업자가 변호사시험을 치렀다.

로스쿨을 도입한 이유는 법률가를 '선발'하기보다는 '양성'하기 위함이었다. 이전에는 누구든 사법고시에 합격하기만 하면 변호사 자격을 얻을 수 있었다. 하지만 이제는 로스쿨에서 교육받은 사람만 변호사가 될 수 있다.

로스쿨은 다양한 분야를 경험한 법률가를 배출한다. 과거 사법고시 합격자 중에는 70% 이상이 법학 전공자였는데, 로스쿨 입학생은 절반 이상이 다른 학문을 전공했다. 전체 변호사 수가 증가하면서 정부, 공기업, 대학 등에서 일하는 변호사도 늘어났고 서울이나 대도시가 아닌 지방에서 활동하는 변호사도 많아졌다. 로스쿨은 21세기 법치국가를 뒷받침할 미래 법조인을 양성하는 제도로 자리 잡고 있다.

오늘날과 미래의 변호사

오늘날 변호사는 단순한 법률 대리인을 넘어 기업 자문, 인권 보호, 기술 윤리 등 다양한 분야에서 활약한다. 인공지능, 개인 정보 보호, 환경법, 사이버 범죄 등 전통적인 법의 테두리를 넘는 영역에서 변호사는 전문성과 윤리의식을 동시에 요구받는다. 누구를 위해, 어디서, 어떻게 일하는가에 따라 달라진 변호사의 얼굴은 결국 우리 시대가 법과 정의에 대해 어떠한 기대를 품고 있는지 반영하는 거울이기도 하다.

오늘날의 변호사

오늘날 직업으로서의 변호사

변호사는 전문적인 교육과 훈련으로 얻은 법률 지식으로 각종 법률문제를 처리한다. 개인이나 단체가 법적으로 갈등을 해소하려 할 때 변호사를 고용한다. 변호사는 의뢰인이 필요로 하는 법률 서비스를 제공하고 보수를 받는다.

변호사는 법률 서비스를 제공하는 직업인 이상의 사회적 역할이 기대되는 직업이다. 변호사는 공공성을 지닌 독립된 법률 전문직이다. 인간이 누려야 할 기본적 권리를 지키고, 사회 정의를 실현하며, 사회 질서 유지 및 법률 제도 개선에 노력해야 한다.

현대 변호사의 주요 업무

소송 대리

변호사는 법정에서 활동한다. 민사, 형사, 행정, 가사 사건 등 소송에서 소송 당사자를 대리한다. 재판에서 변론하여 재판 결과를 유리하게 이끈다.

법률 상담

법적으로 문제가 생긴 사람은 변호사와 상담한다. 변호사는 의뢰인의 주장을 듣고, 확인이 필요한 내용을 질문하고, 때로는 의뢰인이 잘못 알고 있는 사실 관계를 지적해 주기도 한다.

계약서 작성

계약서 등의 문서는 분쟁이 발생했을 때 중요한 증거가 된다. 변호사는 물건을 사고팔 때 쓰는 매매 계약서, 돈을 빌리고 빌려줄 때 쓰는 차용 증서, 땅이나 집을 빌릴 때 쓰는 임대차 계약서 등을 계약 체결 전에 미리 검토한다. 혹시라도 의뢰인이 손해를 입지 않도록 확인하여 방지하고, 나중에 분쟁이 생길 가능성을 줄이는 것이다.

공증 업무

'공증'은 문서를 작성할 때 공적 기관이 관여해 법적으로 적합하다고 증명해 주는 제도다. 공증인으로 인정받은 변호사는 중요한 문서에 대한 공정증서 등을 작성한다. 공증인이 작성한 공정증서는 공공기관이나 단체에서 공식으로 작성한 서류인 '공문서'로 추정한다. 공문서는 재판할 때 다른 문서보다 증거로서의 가치를 더 인정해준다.

재판 외 화해 업무

소송 당사자는 재판을 마치지 않고도 분쟁을 그만둘 수 있다. 이를 '화해' 또는 '합의'라고 부른다. 이때도 변호사로부터 도움을 받아 합의 계약서를 쓸 수 있다. 훗날 실제 합의 이행 시 약속이 지켜지지 않으면 이 계약서가 중요한 증거가 된다.

그 외

- 변리사 업무: 특허 관련 재판을 대리한다.
- 등기 업무: 부동산이나 재산에 대한 권리를 누가 가졌는지 기록힌디.
- 중재 업무: 분쟁이 일어났을 때 쌍방을 화해시킨다.
- 조사 업무: 분쟁 해결에 필요한 증거를 조사한다.

변호사에 대한 인식

세계변호사협회에서 발표한 보고서에 따르면 일반 대중의 54%만이 변호사들의 경제적, 사회적 영향을 긍정적으로 보고, 법조인들은 78%가 긍정적으로 인식하고 있다. 우리나라에서는 변호사를 끊임없이 공부해야 하고, 워라밸을 지키기 어려운 직종이지만 그만큼 돈을 많이 벌고, 사회적으로 존경받는 직업으로 인식되고 있다.* 조사 결과 사람들은 친절하고 자세하게 법률 상담을 진행하고, 상황을 자세히 설명해 주는 변호사를 좋아한다. 또한 작은 로펌보다는 대형 로펌을 더 신뢰한다.

* 전문직에 대한 인식조사, 2023, 엠브레인.

변호사가 되기 위한 자질

변호사가 지켜야 하는 윤리

대한변호사협회는 변호사가 지켜야 하는 '변호사윤리장전'을 만들었다. 그중 몇 가지를 살펴보면, 우선 변호사는 품위를 지켜야 한다. 자기를 과대하게 선전하거나 광고하면 안 된다. 또 상대방을 비난하거나 자기가 관련되지 않은 사건을 경솔히 비판하지 말아야 한다. 법원이나 재판의 위신을 손상케 하는 언동을 해서는 안 되며, 법정의 질서 유지 및 소송의 진행에 관하여 법원과 협력해야 한다.

변호사는 상대방 변호사와 접촉해야 하고, 상대 소송 당사자와 직접 교섭하면 안 된다. 소송 당사자는 변호사보다 법률 지식이 부족한 경우가 많으므로, 이를 이용해 자기편이 유리하도록 재판을 이끌면 안 되기 때문이다. 변호사는 거짓으로 증언하도록 증인을 부추기거나 허위 증거를 제출하면 안 된다. 이런 의심을 받을 언동을 해서도 안 된다.

공공성을 지닌 전문직인 변호사는 보수가 과해서는 안 된다. 변호사가 받는 보수는 사건이 얼마나 복잡한지, 노력이 얼마나 필요한지, 시간이 어느 정도 걸리는지 등에 따라 적정하게 결정되어야 한다. 약속한 보수 외에 금품을 요구하거나 정당한 사유 없이 추가 보수를 요구해서도 안 된다.

윤리 의무를 지키지 않거나 각 지방변호사회나 대한변호사협회가 정한 회칙을 위반하면 변호사회에서 자체적으로 징계한다.

좋은 변호사에게 필요한 자질

복잡한 법률을 다양한 사건에 적용하고 해석하는 변호사는 논리적 사고 체계를 갖추어야 한다. 변호사는 사건을 논리적으로 보고 누구나 따를 수밖에 없는 결론을 도출해야 한다. 또한 이를 명확한 용어로 최대한 간결하게 표현해야 한다.

변호사에게는 사건을 꼼꼼하게 살피는 세심함과 성실함도 필요하다. 아무리 작은 사항이라도 놓치지 않고 전부 파악해야 한다. 대수롭지 않게 넘긴 사소한 일 하나가 재판 결과를 바꿀 수 있기 때문이다. 또한 재판에서는 예상하지 못한 증거가 나오거나, 미처 알지 못한 사실이 드러날 수 있다. 이렇듯 갑작스러운 상황에도 즉각 대응할 수 있는 순발력도 중요하다.

의뢰인에게 공감하는 능력도 의뢰인의 신뢰를 얻는 데 매우 중요하다. 의뢰인이 숨기고 싶어 했거나 부끄러워하는 일이 드러났을 때도 변호인은 이해하는 태도를 갖추어야 한다. 한편 어떤 상황에서도 냉정해야 한다. 의뢰인 편에 서면서도 감정적인 이끌림 없이 사실을 냉정하게 파악하고 판단해야 올바른 결과를 낼 수 있다. 물론 무엇보다도 일에 대한 열정과 책임감을 갖춘 변호사가 의뢰인을 가장 잘 도울 것이다.

좋은 변호사가 되려면

대학에서 법학을 전공하지 않은 사람들이 로스쿨에 진학하며 다양한 분야의 전문성을 갖춘 변호사가 등장하고 있다. 기업 자문과 국제 거래 등 국제 사건 비중이 높아지고 있어 외국어 능력도 갖추는 것이 좋다. 변호사 수가 점점 늘어나기에 새로운 업무 분야와 고객을 발굴할 필요도 있다. 우리나라 로펌은 보통 개인보다는 조직을 중시하며 팀으로 활동한다. 그래서 새로운 직원을 뽑을 때 협동심도 중요하게 본다.

빠르게 변화하는 이론과 실무를 따라가지 못하는 변호사는 오늘날 살아남기 힘들다. 변화에 유연하게 대처하고 창의력을 발휘해야 한다. 공익 의무도 소홀히 해서는 안 된다. 경제적 이익만을 좇거나,

불법을 저지르더라도 돈만 벌면 된다는 자세는 변호사로서 부적절하다.

미래의 변호사

가까운 미래

한국고용정보원에서 발표한 '2019-2029 중장기 인력수급전망'은 변호사가 2019년 기준 2만 3천여 명에서 10년간 6천 명 정도 증가하리라 전망했다. 과거에 비해 사람들이 법으로 분쟁을 해결하기를 주저하지 않아 앞으로 법률 서비스는 더 늘어나리라 예측한다. 환경, 의료, 노동, 복시, 가사 관련 법률 서비스 등 새로운 수요 두 증가할 전망이다. 여성의 경제 활동이 증가하며 출산 및 육아와 관련한 기업과의 법적 분쟁, 외국인 노동자가 늘어나며 생기는 인권과 노동권 등의 분쟁이 증가할 가능성도 있다. 법률 서비스는 소송 중심에서 분쟁 예방으로 확장되고 있으며, 변호사는 국내외에서 더욱 다양한 분야로 진출하고 있다. 기업과 기관에서도 변호사 수요가 계속 늘어나리라 전망한다.

정보 통신 기술을 활용하는 변호사

'리걸 테크Legaltech'는 '법률Legal'과 '기술Technology'이 결합한 용어로 2010년부터 사용되기 시작했다. 법률 분야는 다른 산업에 비해 기술 도입이 더뎠다. 처음에는 법조인의 일을 줄일 목적으로 정보 통신 기술이 이용되었는데, 최근에는 빅데이터와 인공지능 등이 발전하면서 업무 보조에서 나아가 새로운 가치를 만들고 있다.

우선, 각종 서류를 전자 문서로 대체하자는 움직임이 있다. 아직 우리나라에서는 재판에 사용되는 증거나 필요한 서류는 종이에 인쇄한다. 만약 피고인을 대리하는 변호사가 검사가 가지고 있는 증거를 확인하려면 일일이 복사해야 한다. 인쇄에 들어가는 시간과 비용이 막대하다. 큰 재판이 열리면 증거 자료만 수만 페이지에 달한다. 전자 파일은 종이 인쇄물에 비해 위조되었는지 구분하기도 쉽고 경제적이다. 곧 문서나 증거를 전자 파일 형태로 주고받는 시스템이 만들어질 것이다.

법률서비스를 제공하는 온라인 플랫폼

다양한 서비스를 제공하는 온라인 플랫폼 서비스는 의료, 법률 등 전문 영역까지 확장되었다. 가장 먼저 출현한 온라인 법률 서비스는

2014년, 변호사들에게 광고 비용을 받고 소비자에게 변호사 정보를 제공하는 '로톡' 서비스가 출시되었다. 소비자들은 이를 통해 원하는 변호사를 쉽게 찾을 수 있었다. 하지만 대한변호사협회는 이러한 플랫폼에서 무료 변론이나 과도하게 저렴한 가격을 내세우는 광고가 범람해 시장 질서가 무너지고 변호사가 지켜야 하는 공공성이 위협받는다고 판단했다. 이에 대한변호사협회는 '변호사 광고에 관한 규정'을 개정해 플랫폼 업체에 광고를 의뢰하는 변호사를 징계하는 규정을 만들었다. 플랫폼 회사는 이 조치가 재산권을 침해하고, 직업 선택 및 표현의 자유를 제한하여 헌법을 위반한다고 주장하며 헌법재판소에 위헌 심사를 청했다. 헌법재판소는 협회의 조치가 위헌이 아니라고 판단했다. 대한변호사협회는 이 서비스에 광고를 게시하던 변호사를 징계했으나, 해당 변호사는 법무부에 징계가 부당하다며 다시 판단해 달라고 신청했다. 결국 2023년 법무부는 징계를 취소했지만 협회는 징계가 정당하다는 입장이어서 아직 갈등이 완전히 해결되지는 않았다.

소비자가 원하는 변호사를 쉽게 찾을 수 있도록 변호사 명단을 제공하는 서비스였다. 하지만 법률 서비스는 온라인 플랫폼에서 쉽게 제공하지 못하는데, 변호사 관련 법이나 윤리 규정을 어길 수 있기 때문이다. 변호사 협회와 관련 산업계는 공공성을 유지하며 소비자와 변호사 모두 만족할 만한 방법을 찾기 위해 노력하고 있다.

인공지능이 변호사를 대신할 수 있을까?

놀라운 속도로 발전하고 있는 인공지능 분야는 법률 분야에도 도전하고 있다. 챗GPT-4로 미국 모의 변호사 시험을 치르게 했더니 상위 10%에 해당하는 성적을 받았다고 한다.

인공지능을 활용해 각종 법률 문서를 만들고, 법적 조언하는 서비스는 이미 여럿 등장했다. '가상 변호사' 애플리케이션을 선보인 프랑스 회사도 있다. 이 앱은 24시간 사람들의 질문에 답을 해준다. 프랑스 변호사 협회는 "컴퓨터가 인간을 대체할 수 없다. 법률 자문을 하려면 국가가 인정한 자격이 필요하다."라며 반발했다. 우리나라에도 최근 비슷한 인공지능 법률 서비스가 등장했다. 대한변호사협회는 "변호사가 아닌 인공지능이 변호사 활동을 통해 이익을 창출하는 것은 변호사법*을 위반하는 행위"라고 밝혔다.

아직 많은 갈등이 있지만 인공지능을 법률 서비스에 활용하는 사례는 늘어나고 있다. 자료를 검색하고, 요약하고, 문서 초안을 작성하고, 해외 자료를 번역하는 등 인공지능을 활용하는 현직 변호사도 늘고 있다. 아직은 단순 업무에 주로 사용하고, 복잡하거나 전례가 없는 사건에 활용하기에는 부족하다고 한다. 그러나 인공지능은 지금도 발전하고 있고, 법률 관련 인공지능에 투자하는 회사도 많다. 이렇듯

* 변호사법 제34조 '변호사가 아닌 자는 변호사가 아니면 할 수 없는 업무를 통하여 보수나 그 밖의 이익을 분배받아서는 안 된다.'

인공지능을 더 좋은 법률 서비스를 제공하기 위한 도구로 활용하려
는 노력이 계속되고 있다.

어떻게 변호사가 될 수 있나요?

법학전문대학원 입학 및 졸업

변호사가 되려면 우선 대학교를 졸업하거나(학사학위 취득) 이에 준하는 학력이 있다고 인정된 다음 법학전문대학원(로스쿨)에 입학해야 한다. 현재 우리나라에는 법학전문대학원이 25개 있으며, 입학생 정원은 매년 2천 명이다. 법학전문대학원에 입학하기 위해서는 '법학적성시험'을 치러야 한다. 지원하는 법학전문대학원에 법학적성시험 성적을 제출하고, 면접을 거쳐 합격하면 입학한다. 법학전문대학원은 3년 과정이다. 3년을 마치고 졸업하면 '변호사시험'을 치를 자격을 얻는다.

변호사시험

　변호사시험은 변호사에게 필요한 직업윤리와 법률 지식 등 법률 사무 능력을 검정하기 위한 시험이다. 선택형 및 논술형 '필기시험'과 '법조 윤리 시험'을 치른다. 매년 1회 이상 실시하며, 계획은 미리 공고한다. 필기시험 과목으로 공법, 민사법, 형사법 등은 필수 과목이고, 국제법, 국제거래법, 노동법, 조세법, 지적재산권법, 경제법, 환경법 중에 한 과목을 선택한다. 선택형 필기시험과 논술형 필기시험 점수를 일정한 비율로 환산하여 합산한 총득점으로 합격 여부를 결정한다.

　변호사가 되기 위해서는 반드시 적절한 직업윤리 규범을 습득해야 한다. 이를 '법조 윤리 시험'으로 평가한다. 법조 윤리 시험은 법학전문대학원의 석사학위를 취득하기 전이라도 응시할 수 있다. 시험 점수는 변호사시험의 총득점에 합하지 않고, 다만 합격인지 불합격인지만 판단한다. 필기 점수가 아무리 높더라도 법조 윤리 시험에서 불합격을 받으면 변호사시험을 통과할 수 없다.

　변호사시험 합격률은 50~55% 정도다. 2024년에는 3,290명이 응시해서 1,745명이 합격했다(합격률 53.04%). 변호사시험은 법학전문대학원 졸업 후 5년 내 5회만 응시할 수 있다. 기간이나 회수가 넘어가면 더 이상 시험을 치르지 못한다.

실무 수습

변호사시험에 합격한 후에는 법률 사무 종사 기관에서 6개월 이상 일하거나, 연수를 받아야 한다. 그렇지 않으면 단독으로 법률 사무소를 개설하거나 법무 법인, 법무 조합의 구성원이 될 수 없다. 법률 사무 종사 기관은 법무부에서 지정한다. 법무법인(로펌), 주식회사, 국가기관, 국제법인, 지방자치단체, 기타 공공기관, 비영리법인, 특허법인 등이 있다. 각 기관에서는 변호사가 실무 능력을 기를 수 있는 자체 프로그램을 제공한다.

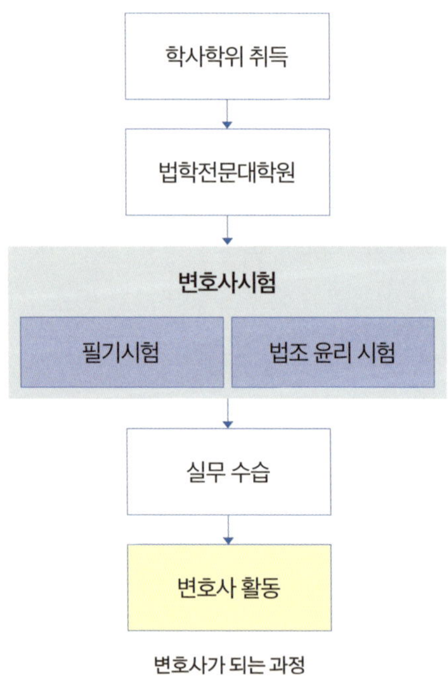

변호사가 되는 과정

변호사 현황

2024년 우리나라 변호사는 총 3만 5,964명이다. 이 중 변호사로 법무법인이나 법률 사무소에서 활동 중인 사람은 2만 9,761명이다(대한변호사협회 회원현황, 2024.9.19. 기준). 전체 개업 변호사 중 75%인 2만 2,474명이 서울에 있다. 남녀 비율은 대략 8:2로 남성이 많다. 연령별로는 40~50대가 60% 이상을 차지한다.

우리나라 법률서비스 시장 규모는 2022년을 기준으로 8조 원이 넘는다. 2014년 4조 원 규모에서 두 배 가까이 늘어났다. 변호사 개인 소득은 연간 약 1억 2천만 원 수준으로 알려졌다. 시장은 커졌지만 그만큼 변호사 숫자도 늘어났다. 그래서 10여 년간 변호사 1인당 평균 소득은 그리 늘지 않았다. 하지만 변호사 사이에 개인차가 크다. 대형 로펌에 속한 변호사는 수십억대 연봉을 받는다. 회사나 공공기관에 취직한 변호사 월급은 다른 회사원과 크게 차이가 없다.

3부

범죄를 수사하고
기소하는 검사

검사의 탄생과 변화

검사는 국가 권력을 대표해 범죄를 수사하고, 법정에서 기소를
담당하는 공공 법률가다. 오늘날 많은 이들에게 검사는 형사사
법의 핵심 주체로 인식되지만, 이 제도는 수세기에 걸쳐 각국의
정치적 구조와 법문화 속에서 형성되어 왔다. 특히 검찰 제도는
국가에 따라 다른 역사적 기원을 가지고 발전해 온 복합적인 제
도다. 다양한 역사적 맥락 속에서 검찰 제도가 어떻게 탄생하고
변화했는지를 살펴본다.

서구 사회에서 탄생한 검사

검사라는 직업

'검사檢事, Prosecutor'는 국가를 대신해 형사 사건을 재판에 넘기는 일을 하는 정부 공무원이다. 나라마다 차이는 있지만, 범죄를 수사하고, 피의자를 재판에 넘기고, 재판에서 피고인이 지은 죄를 증명한다. 몇몇 나라에서는 민사 소송에서 국가를 변호하는 것도 검사의 일이다. 검사는 법률 전문가로서, 대부분 변호사 자격을 취득한 사람이다.

개인이 범죄에 대응해야 했던 시기

오랜 시간 범죄는 피해자가 직접 처리해야 하는 개인적인 일이었다. 중세 초기까지 개인적인 복수, 즉 '자력 구제'가 범죄에 대응하는 주요 방법이었다. 돈을 갚지 않는 사람이 있으면 직접 찾아가 돈을 빼앗아 왔고, 누군가 자기를 때리면 때려서 갚아 주었다. 하지만 복수는 다시 복수를 낳았다. 집안이나 지역 사이의 심각한 갈등으로 문제가 커지기도 했다.

중세 후기부터 지도자들은 자력 구제로 인한 사회의 혼란을 줄이려고 했다. 예를 들어 피해를 본 사람은 먼저 금전으로 보상을 요구해야 했다. 가해자가 보상금을 주지 않을 때만 복수할 수 있었다. 이후 재판 제도가 자리 잡으며 법적 해결이 사사로운 복수를 대신했다. 그러나 여전히 법원에 범죄를 고발하는 일은 개인의 몫이었고, 판결은 신이 내리는 것이라고 믿었다.

기소 방식의 변화

형사 재판과 기소 방식의 변화는 13세기에 시작되었다. 국가 체제가 자리 잡으면서 왕이 사회 질서 유지에 관심을 기울인 것이다. 왕은 사회 전체에 해를 끼치는 범죄를 개인적인 문제 이상의 공적인 악으로 여겼다. 그 결과 국가를 위해 범죄를 수사하고 피의자를 기소하는 기관을 만들게 되었다.

범죄 재판에 국가가 개입하며 재판 방식도 달라졌다. 피고인이 죄를 지었다고 입증하기 위해 정부 관리가 결투에 나설 수는 없었기 때문이다. 대신 합리적 증거를 따져서 유, 무죄를 판단했다.

유럽 대륙에서 발전한
검사 제도

까다로운 범죄 기소

12세기 전까지 프랑스에서 범죄자는 개인이 추적했다. 피해 당사자와 친족만 범죄자를 고발할 수 있었다. 범죄 용의자를 체포한 관리는 나팔을 불어 널리 알리고 피해자나 가족이 고소하도록 권유했다. 살인 사건의 경우, 피살당한 사람과 혈연관계이거나, 피살당한 사람의 배우자가 아니면 법정에서 진술할 수 없었다. 피해자 측에서 일정 기간 내에 고소하지 않으면 용의자를 석방했다.

원수를 갚을 가족이나 친척이 없는 경우에는 왕이 살해당한 사람을 대신하여 고발할 권한을 가졌다. 현장에서 범인을 체포하면 따로 고발할 필요는 없었다. 판사는 범인을 붙잡은 사람들의 증언에 따라 사건을 판결했다.

권한이 확대되는 프랑스 검사

12세기 프랑스 왕은 자신의 이익을 보호하기 위해 '왕의 검사'를 고용했다. 왕의 검사는 왕과 관련된 범죄를 담당했다. 이들은 왕의 이익이 걸리지 않은 문제에는 개입하지 않았다.

시간이 지나 왕이 사회 질서 유지에 관심을 기울이면서 왕의 검사는 개인이 고소하지 않는 사건을 기소하기 시작했다. 이를 계기로 왕의 검사는 고소인과 관계없이 기소할 권한을 획득하기 시작했다. 기소에 더 많은 책임을 맡으면서 명칭도 '왕의 검사'에서 '검찰관'으로 변했다. 검찰관 중 가장 높은 자리는 '검찰 총장'이었다.

머큐리얼

14~18세기 프랑스의 검찰총장은 2주마다 의회에서 연설했다. 이를 '머큐리얼(Mercurials)'이라 했다. 이 연설에서는 사법 관리가 지켜야 하는 의무, 개혁, 규율 문제, 그리고 관리가 저지른 잘못을 비판하는 내용을 다루었다. 연설을 외부에 공개하지는 않았다. 17세기 말 앙리 프랑수아 다게로가 했던 연설이 특히 유명한데, 그중 '사법 관리가 가져야 하는 자질'에 관한 내용은 훌륭한 모범으로 알려졌다.

프랑수아 다게로

16세기경부터 검사는 범죄를 처리하는 독점적인 권한을 얻었다. 범죄 피해자는 가해자에게 손해 배상을 청구할 권리만 가졌다. 형사 처벌을 청구할 수 있는 권한은 오직 검사만 가지고 있었다. 검사는 권한이 커지면서 왕권을 감시하고 사법부 독립을 추구하기도 했다. 하지만 왕의 뜻을 대신한다는 본질은 변하지 않았다.

돈을 맡기고 기소하던 독일

독일의 검찰 제도도 프랑스와 비슷하게 발전했다. 12세기 이전에는 공식적인 기소 제도가 없었다. 개인이 고소하지 않으면 재판이 열리지 않았다. 12세기부터 점차 사적 기소 대신 공적 기소가 자리 잡았다. 초기에는 개인 고소인이 없을 때만 관리가 기소했지만, 나중에는 개인 고소인이 있든 없든 관리가 기소를 맡았다.

독일은 개인의 기소를 막으려 했다. 그래서 개인이 기소하려면 법원에 일정한 돈을 맡기는 법을 만들었다. 만일 개인이 기소했는데 죄를 입증하지 못하면, 이 돈을 피고인에게 보상금으로 주었다. 돈을 내지 않으면 고소인은 피고인과 함께 감옥에 갇혔다. 이런 절차를 도입하면서 개인이 기소하는 사건은 점차 사라졌다.

프랑스 혁명과 공공 소추관

1789년 프랑스에서 혁명이 일어났다. 왕과 귀족이 지배하던 절대 왕정이 무너졌다. 자본가를 중심으로 시민 계급이 새로운 정치 세력으로 등장했다. 이들은 시민을 대표해 공공 이익을 수호하고 법을 집행하는 새로운 법

프랑스 혁명

적 기구를 만들었다. 1790년 도입된 '공공 소추관accusateur public' 제도이다.

공공 소추관은 국가와 시민을 대표하여 법을 집행하고 범죄자를 기소하는 역할을 맡았다. 이들은 프랑스 혁명이 내세운 신념과 이상에 맞는 법률 전문가였다. 혁명 정신을 수호하고, 반혁명 세력을 기소하고 처벌했다. 또한 범죄자를 체포하고, 증거를 수집하고, 감옥에 가두었다. 공공 소추관은 법 집행 과정에서 정치적 간섭 없이 독립적으로 법을 집행하려고 노력했다. 프랑스 혁명 이전 절대 왕정 시절처럼 법이 귀족과 특권 계층에 의해 좌우되지 않도록 노력했다. 그러나 이러한 노력에도 불구하고 여전히 법은 정치적 억압 수단으로 사용되기도 했다. 부당하게 기소되어 단두대에서 목숨을 잃은 사람도 있었다.

나폴레옹 법전과 검찰 제도

프랑스 혁명 이후 나폴레옹이 프랑스를 다스리기 시작하면서 공공 소추관 제도는 사라졌다.

1808년 '형사소송법'이 도입되었다. 이 법은 범죄 수사에서 재판에 이르기까지 형사 사법 절차 전반을 상세하게 규정했다. 공소 시효*와 공소권 남용** 개념 도입, 변호인의 조력을 받을 권리 보장, 공개 재판 원칙 명시 등은 오늘날 프랑스 형사 사법 제도의 중요한 원칙으로 자리 잡았다. 검찰이 하는 역할과 권한, 조직 구성 등도 법률로 명확히 규정했다.

'검사'라는 직책이 부활했다. 검찰에게 수사 지휘 권한을 부여했다. 형사 사건에는 국가가 직접 개입했다. 검찰은 사법부에 속했다. 하지만 동시에 법무부 장관이 검찰에 지시할 수 있었다. 이 때문에 검찰은 정치적 영향력에서 완전히 자유롭지 못했다.

유럽에 퍼져나간 프랑스식 검찰 제도

나폴레옹 시대에 만들어진 프랑스 검찰 제도는 유럽 대륙으로 퍼져나갔다. 나폴레옹은 군사적으로 유럽을 점령하고 지배했다. 벨기

*　범죄 행위가 일어난 후 일정한 기간이 지날 때까지 범죄에 대하여 기소하지 않으면 국가가 기소할 권리가 없어지는 제도.
**　검사가 객관적 혐의가 없거나, 자기가 가진 권리를 넘어서 기소하거나, 피의자 중 일부만 선별해 기소하는 등 본래의 목적이나 범위를 벗어나 공소권을 함부로 행사하는 일.

에, 네덜란드, 룩셈부
르크, 이탈리아, 독일
서부 지역, 폴란드 일
부 등 프랑스의 영향
을 받은 국가와 지역
은 프랑스 검찰 제도
를 도입했다. 독일도

나폴레옹 법전

19세기 중반부터 프랑스식 검찰 제도를 받아들여서 수사와 기소 및
판결을 분리했다.

보통법을 택한
영국의 검찰 제도

베르길드와 와이트

12세기 전까지 영국에서도 범죄는 개인 간 문제로 여겨졌다. 피해자가 가해자를 직접 처벌하거나, 금전적인 보상을 요구했다. 사회가 복잡해지고 범죄가 증가하자 국가는 범죄가 질서와 평화를 해친다고 여기고 사회 질서 유지에 직접 개입하기 시작했다. 우선, 범죄 피해자가 가해자로부터 금전으로 보상받도록 했다. 이를 베르길드Wergild라고 했다. 가해자가 피해자에게 보상하기로 합의하면 가해자는 왕에게도 벌금을 내야 했다. 이를 와이트Wite라고 했다. 왕에게 범죄자를 추적할 의무는 없었고, 피해자를 도와 정의를 구현하려는 의도보다는 주로 벌금을 걸으려는 목적으로 사건에 개입했다.

이웃 사람들의 선서에 의한 기소

1066년 프랑스 노르망디의 공작 윌리엄이 잉글랜드(영국)에 노르만 왕조를 세웠다. 윌리엄을 따라온 노르만인들이 잉글랜드의 지배층이 되었다.

노르만인은 이전 제도를 그대로 유지했으나 범죄자에 대한 기소를 개인에게 맡기던 관습을 고치기 시작했다. 범죄 용의자를 아무도 고발하지 않을 때도 국가에서 기소할 방법을 만들어냈다. 예를 들어 피해자가 가해자를 두려워해서 고소하지 않는 사건이 있다고 하자. 만약 가해자가 저지른 범죄 사실을 이웃 사람 12명이 주교 앞에서 "양심에 따라 진실"이라고 선서하고 증언하면 기소할 수 있었다. 이를 '선서에 의한 기소'라고 했다.

마그나 카르타와 기소 배심제

1199년 영국 왕이 된 존은 막대한 세금을 거두어 프랑스와 전쟁을 치렀다. 그러나 영국은 전쟁에서 패했고 세금도 올라 귀족들은 왕을 미워했다. 귀족들은 더 이상 세금을 내지 않겠다고 선언했고, 런던 시민들도 이를 지지했다.

1215년 왕은 귀족들의 압박에 '마그나 카르타'에 서명했다. 이 문서는 왕이 가진 권리가 법에 따라 제한된다는 점을 분명히 했다. 특히 마그나 카르타 39조에서는 "'자유민Freeman'은 '동료가 적법하게 판단by the lawful judgment of his peers하지 않으면 체포, 투옥, 재산 몰수, 추방 등을 당하지 않는다."라고 명시했다. 즉, 법적 절차나 판결을 판사나 검사가 결정하지 않고 시민이 결정한다는 뜻이다. 이는 배심원 제도에 정당성을 부여했다.

처음에는 배심이 재판에 넘기는 일과 유무죄를 판단하는 일을 모두 담당했지만, 점차 두 기능이 분리되었다. 이 중 범죄를 고발해 재판에 넘기는 일은 기소 배심(대배심)이 맡았다. 기소 배심은 범죄 수사를 개시할 수 있는 권한이 있었다. 하지만 개인이 고소하지 않으면 기소 배심은 대개 행동에 나서지 않았다.

검사 역할을 하는 치안판사

영국의 검찰 제도는 16세기에 들어서야 형태를 갖추었다. 유럽 대륙과 비교하면 늦은 편이다. 영국에는 14세기부터 지방에서 행정과 사법을 담당한 '치안판사'가 있었다. 치안판사는 보수가 없는 명예직으로, 초기에는 주로 경범죄를 다스렸다. 16세기에 치안판사는 좀 더 중요한 범죄 사건의 수사와 기소에도 관여했으며, 점차 검찰 임무를 수행하게 되었다.

1554~1555년 치안판사에게 수사와 기소 권한을 부여하는 법률이 만들어졌다. 치안판사가 공적 기소자 지위를 얻은 것이다. 영국 정부는 검찰 조직을 따로 만들지 않고 치안판사를 활용했다. 치안판사는 자기 담당 지역 사회에 대해 잘 알고 있어서 이를 바탕으로 효과적으로 사건을 수사하고, 범인을 재판에 넘길 수 있었다.

공적 기소 기관의 탄생

19세기 말까지 영국에서는 사적 기소가 주를 이루었다. 1880년 공적 기소를 담당하는 '공공검찰국'이 내무부에 만들어졌다. 기소법을 제정해 공공검찰국에게 국가 이름으로 기소를 진행할 수 있는 권한을 부여했다. 하지만 공공검찰국은 몇몇 주요 사건만을 담당했다. 영국은 1985년 기소법을 개정해 '영국 검찰청 Crown Prosecution Servicee'을 만들어 다양한 기소 방식을 통합했다.

북아메리카 식민지의
검찰 제도

식민지 개척자들

북아메리카 식민지 초기 개척자들은 영국 법원의 구조, 배심원, 치안판사 등의 제도를 그대로 가져왔다. 그러나 개인이 범죄를 고발하는 사적 기소 제도는 미국에서 계속 이어지지 못했다. 중세 영국에서 탄생한 사법 제도는 부와 지위를 가진 사람들에게 유리했는데, 이렇게 기득권에게 유리한 사적 기소 제도는 정의와 평등을 추구한 식민지 개척자들의 이상과 맞지 않았기 때문이다.

공적 기소와 검찰 제도의 등장

이주민들은 식민지의 낯선 환경에서 생존해야만 했다. 범죄는 생존하려는 사람들의 노력에 해를 끼쳤다. 범죄를 막기 위해 효과적인 통제 시스템이 필요했는데, 사적 기소는 이러한 목표에 적합하지 않았다. 피해자가 기소할 수 없는 상황이라면 사실상 범죄자는 처벌을 면할 수 있었다. 심지어 노련한 범죄자들은 고소인보다 더 풍부한 법률 지식과 경험으로 재판에서 쉽게 승리하기도 했다. 이런 배경으로 국가에서 범죄 용의자를 재판에 넘기는 '공적 기소'가 등장했다.

식민지의 검찰 제도는 초기 이민자들의 출신에 따라 달랐다. 영국 출신 이민자가 많은 지역은 영국식 제도, 독일 출신 이민자가 모여 사는 지역에서는 독일식 제도를 도입하는 식이었다. 1643년 버지니아는 최초로 검찰총장을 임명했다. 거의 모든 지역에서 검사는 임명직 공무원이었다. 주지사, 법무부 장관, 법원 등이 임명한 검사에게는 자율성이 부족했다. 검사들은 결정을 내리기 전에 자기를 임명한 사람과 상의했다. 대부분 주에서 검사는 법원 소속이었고, 법률에서도 검사의 지위에 대해 명확히 정의하지 않았다.

검사를 선거로 뽑다

1828년 앤드루 잭슨이 미국 7대 대통령으로 선출되었다. 그는 공직 임명 제도를 민주적으로 개선하기 위해 노력했으며, 많은 공직을 투표로 선출하도록 했다. 지방 판사와 지방 검사가 임명직에서 선출직으로 변했고, 1832년 미시시피주가 처음으로 주 법원 판사와 검사를 투표로 선출했다.

이전에는 주지사가 자기와 친밀한 사람을 검사로 임명하고 이들을 통해 사적인 이익을 추구하고는 했다. 그러나 검사를 선거로 뽑으면서 정치인의 영향력은 줄고, 검사들은 지역 사회 여론과 시민들의 의견에 더욱 귀를 기울였다. 그와 반대로 선거로 선출된 검사는 대중의 의견만을 들어서 오히려 불공정해질 수도 있다고 지적하는 사람도 있었다. 또한 검사의 업무가 전문적이라 법을 잘 모르는 시민들이 직접 검사를 뽑기는 어렵다고도 주장했다. 그러나 검사 선출은 미국 전역으로 퍼졌고 오늘날 미국에서는 컬럼비아 특별구(워싱턴 D.C.)와 4개 주(델라웨어, 뉴저지, 로드아일랜드, 코네티컷)를 제외한 모든 주에서 검사를 선거로 뽑는다.

왕조 시대 중국과
우리나라의 검사

● 중국 왕조 시대 검사

행정 관리가 대신한 검사

왕조 시대에는 중국의 법적 절차가 분산되어 있지 않았다. 범죄 사건을 수사하고, 범인을 체포하고, 재판하는 일은 모두 현령, 태수 등의 지방 행정 책임자가 맡았다. 중요한 사건은 중앙 사법 기관인 대리사, 형부, 어사대 등에서 처리했다. 조사, 기소, 판결 권한을 한 사람이 모두 행사했다.

감찰관

진나라 때부터 황제를 대신해 관리를 감독하는 '감찰관'이 있었다.

이들은 법을 어기는 관리를 '탄핵'했다. 탄핵은 공개적으로 죄를 밝혀 꾸짖는 일이다. 감찰관은 반역을 꾀하거나, 뇌물을 받거나, 국가 재산을 몰래 빼돌린 관리를 탄핵했다. 이를테면 황제가 재판관인 법정에 잘못을 저지른 관리를 기소하는 것과 같았다. 황제는 사건을 따져 보고 최종 처벌을 결정했다. 감찰관이 일반 범죄를 수사하거나 기소하지는 않았다.

● 조선 시대 검사

검찰 역할을 한 부서

조선 시대에는 지방 행정 관리가 범죄 수사, 죄인 체포, 재판까지 책임을 졌다. 중앙에는 형벌을 관장하는 부서 '형조'가 있었다. 지방 관청에서 내린 판결에 불만이 제기되었을 때나 중대한 범죄는 중앙에서 다루었다.

왕실과 관련된 중요한 범죄나 반역과 같은 국가적 사건은 '의금부'에서 다루었다. 의금부는 왕으로부터 명령을 받아 수사하고 재판했다. 자체적인 수사 권한이 있어 범죄자를 잡아 심문하고 처벌했다.

20세기 이후 발전하는 검사 제도

20세기 이후, 검찰 제도는 국가 권력의 핵심축으로 자리 잡기 시작했다. 전통적으로 검사는 공공의 이익을 대변하며 법 앞의 정의를 실현하는 존재로 여겨졌지만, 현대에 들어서면서 검사에게 부여된 권능은 막강해졌고, 이에 따른 견제와 통제의 필요성도 커졌다. 이는 세계 여러 나라에서 동시에 나타난 흐름이지만, 각국의 정치 체제와 법문화에 따라 검사 제도의 구체적 모습은 크게 달라졌다.

늘어나는 검사의 역할과 책임

복잡해지는 범죄, 전문화되는 검사직

범죄는 점점 복잡해졌다. 범죄 조직이 생겨나고 여러 나라에 걸친 범죄도 증가했다. 테러, 사이버 범죄 등 새로운 유형의 범죄도 등장했다. 이에 따라 검사의 역할과 책임도 늘어났다.

범죄 수사 과정에서 과학 수사, 정보 기술, 법의학 등 전문적인 지식과 기술도 더 중요해졌다. 검사는 외부 전문가와 협력을 강화하고, 분야별로 특화된 수사팀을 운영하는 등 전문성을 강화해야 했다. 또한, 피해자 보호, 범죄 예방, 범죄 피해 복구 등에서도 검사의 역할이 확대되었다. 사회 복지, 교육, 의료 등의 분야와도 협력해야 했다.

정치적 독립과 중립이 요구되다

검사는 때로 정치적 사건에 얽혀들었다. 미국에서는 20세기 후반 '워터게이트 사건' 등을 거치며 검찰이 정치적으로 중립을 지키고 외부 영향에서 독립해야 한다는 논쟁이 깊어졌다.

민주주의와 인권 의식이 발달하면서 검찰이 공정하고 객관적인 수사로 인권을 보호해야 한다는 인식도 널리 퍼졌다.

미국 외 다른 국가에서도 검찰의 정치적 중립과 독립을 보장하기 위한 다양한 제도가 마련되었다. 예를 들어 일부 국가에서는 검찰총장을 선거로 뽑거나, 임명 시 의회의 동의를 얻도록 한다.

권한에 따르는 책임

검사의 권한이 늘어나면서 그에 따라 업무 처리 과정을 투명하게

워터게이트 사건

1972년 미국 행정부가 워싱턴 D.C. 워터게이트 호텔에 있던 민주당 선거운동 지휘 본부를 도청한 사건을 '워터게이트 사건'이라고 한다. 닉슨 대통령과 백악관은 처음에는 '침입 사건과 정권은 관계가 없다'라는 태도를 고수했다. 대통령과 대통령수석보좌관은 사건 수사를 저지하려고도 했다. 하지만 이러한 비밀 논의를 녹음한 테이프가 공개되었고, 미 의회는 닉슨 대통령을 탄핵하려고 했다. 탄핵이 확실해지자 닉슨은 1974년 대통령직을 사임했다.

내보이고 충분한 책임을 져야 한다는 목소리도 높아졌다. 범인을 과도하게 처벌하는 관행, 기소와 재판에 드는 비용의 증가, 재범률 증가 등에 대한 비판도 늘어났다. 검찰이 하는 일에 시민이 참여해 감시해야 한다는 주장도 나왔다. 검찰 내부에서도 기소 기준을 명확히 하고, 외부 전문가로부터 의견을 듣는 등의 노력을 기울이고 있다. 검찰 활동에 대한 정보도 공개하는 추세이다. 시민단체, 언론, 학계 등에서 검찰을 감시하고 비판하는 기능도 강화되고 있다.

근대 중국의 검찰과 검사

청나라 말기 이후 도입된 검찰 제도

1898년 개혁가들이 청나라 제도를 서구식으로 개혁하려고 시도했는데, 이를 '변법자강 운동'이라 한다. 이들은 법률 제도와 행정 개혁으로 국가를 근대화하고자 했다. 이때 검찰 제도도 도입하려 했으나 보수파에 밀려 결국 실패하고 말았다.

그러나 청나라 정부는 결국 서구식 제도를 받아들일 필요를 느꼈다. 1906년에는 청나라 정부가 공식적으로 새로운 사법 체계 구축에 착수했다. 베이징에는 국가 최고 사법 기관인 '대리원'을 설립하고, 그 아래 모든 재판소에 검사를 두었다.

1907년 초에는 톈진에서 중국 최초로 '톈진지방심판청검사국(검찰청)'을 만들었다. 검찰은 법원에 속했는데, 다음과 같은 규정이 발표

되었다. "검찰관(검사)은 법부대신에게 종속되며, 상관의 지휘를 받고 법원과는 독립적으로 그 직무를 수행한다." 같은 해 12월에는 베이징에 '경사고등검찰청'이 설립되었다. 이렇게 검찰 조직은 공식적으로 법원으로부터 독립했다. 검찰청의 주 임무는 고발 접수, 범죄 수사, 범인 체포 지시, 사실 조사, 증거 수집, 기소, 재판 감독 및 오류 정정, 법 집행 감시 등이었다.

혼란한 시대 속 검찰 집단

1911년 신해혁명으로 청나라가 망했다. 신해혁명을 이끌었던 쑨원과 베이징에 근거를 둔 위안스카이는 합의하여 베이징에 중화민국 정부를 세웠다. 이를 북양 정부라 한다. 북양 정부의 검찰 제도는 이전과 같이 유지되었다.

1927년 장제스를 중심으로 난징에 수립된 중화민국 국민정부는 북양 정부를 몰아냈다. 국민정부는 복잡한 절차를 단순화하고 재정 절약을 위해 검찰과 법원을 합쳤다. 검찰청은 없어지고 검찰관은 법원에 배치되었다.

1931년에는 중국공산당이 장시성 루이진에 중화소비에트공화국을 수립했다. 이때 '공농검찰인민위원부'를 만들었다. 공농검찰부는 소비에트 공화국 내 집단, 기업, 개인이 정책을 올바르게 시행하는지 감독하고 직무 관련 범죄를 감독했다. 1934년에는 최고 법원을 만들

공농검찰인민위원부(징강산 인민검찰박물관)

어서 최고법원에 검찰장, 부검찰장, 검찰관 등을 배치했다.

중화인민공화국 수립과 인민 검찰

1949년 중국공산당이 국민당을 몰아냈고, 마오쩌둥이 이끄는 중화인민공화국이 탄생했다. 중화인민공화국은 같은 해 10월 '최고인민검찰청'을 설립했다. 전국 50개 행정 구역에 검찰 기구를 설립하고, 1954년에는 '중화인민공화국 헌법'을 공포해 검찰 기관의 지위를 명확하게 규정했다. 이때 기관 이름도 '인민검찰원'으로 바꾸었다.

1966년 발발한 문화대혁명은 중국 사회를 급격하게 후퇴시켰다. 문화대혁명을 주도한 세력은 검찰 체제를 철저히 파괴해야 한다고 주장했고, 결국 최고인민검찰청을 폐지했다. 간부와 직원들은 노동교화 농장으로 보내졌다.

1978년이 되어 개혁개방 정책을 내세운 중화인민공화국은 각종 제도를 다시 정비했는데, 인민검찰원도 다시 살아났다. 그해 말부터 노동 교화 농장으로 쫓겨났던 검사들이 다시 돌아오기 시작했다. 이

듬해 7월에는 '중화인민공화국 인민검찰원 조직법'을 공포하여 인민
검찰원을 국가 법률 감독기관으로 규정했다. 개혁개방 정책으로 중
국 경제는 빠르게 발전했는데, 그에 따른 부작용으로 부패와 뇌물 관
련 범죄도 많이 늘었다. 인민검찰원은 검찰 업무를 체계화하고 부패
관련 범죄 단속을 위해 힘을 기울였다.

2000년대 이후 중국 검찰

2000년대에 들어서 인민검찰원은 직무 관련 범죄, 직권 남용 범죄,
부패범죄 전문 부서를 만들었다. 검찰 업무 절차의 신뢰성을 높이려
고 노력하며 2006년에는 범죄 피의자를 심문할 때 전 과정을 녹음하
거나 녹화하는 제도도 만들었다.

2010년대가 되면서 검찰은 환경 보호, 소비자 권리 보호, 공공 자
원 보호 등 공공 이익 수호에서 더 큰 책임을 맡게 되었다. 2020년 이
후에는 체포, 기소, 구금을 신중하게 적용한다는 원칙을 세웠다. 체
포와 구금을 술여 인권을 보호하고 사회적 대립을 줄이는 방안을 시
행하고 있다. 또한 공익소송 및 미성년자 보호 전문 부서를 설치하고
4대 검찰 업무, 즉 형사, 민사, 행정, 공익소송 업무가 균형 있게 발전
하도록 노력하고 있다.

현대 우리나라의 검사

우리나라의 첫 검사 조직

우리나라에서 검사라는 직업은 19세기 말 갑오개혁으로 탄생했다. 1895년 조선은 '재판소 구성법'을 공포했다. 이를 근거로 고등재판소, 특별 재판소, 지방재판소를 세웠다. 재판소에는 판사와 검사를 두었다. 검사는 범죄 수색과 공소 제기(소추), 법률 적용 감시, 형벌 집행 감시 등을 했다. 또한 검사는 사법 경찰관에게 명령할 수 있었다.

고등재판소와 특별 재판소의 판사와 검사는 법부 소속이었다. 지방재판소에서는 제도의 변화에도 여전히 지방 관리가 판사와 검사 역할을 했다.

1907년 일제 통감부가 일본식의 새로운 재판소 구성법을 만들었다. 이때 검사 지위를 법관과 비슷하게 올렸다. 이에 검사 조직도 법원에 해당하는 검사국을 만들었다.

강력한 권력을 가진 검사

일제는 1910년 '조선총독부재판소령'을 공포했다. 1912년에는 이를 고쳐 고등법원, 복심법원, 지방법원 3심 체제를 정비했다. 각 법원에는 검사국을 두었다.

일제는 '조선형사령'이라는 법으로 검사와 경찰에게 강제 수사 권한을 주었다. 조선형사령에 따라 검사나 경찰은 '급속한 처분이 필요할 때'는 기소하기 전에 압수, 수색, 피의자 구금, 증인 신문 등을 마음대로 할 수 있었다. 급속한 처분이 필요한 때인지는 검사와 경찰 마음대로 판단했다. 검사는 10일 동안 피의자를 가두고 강제 수사할 수 있었고, 경찰도 피의자가 사는 곳이 일정하지 않거나 증거를 없애고 도망갈지 모른다고 판단하면 10일 이내로 감금할 수 있었다. 검사와 경찰은 일단 사람을 잡아 두고 자백을 받는 방식으로 수사했다. 여러 날 잡아 가두며 가혹하게 신문한 것이다. 다른 증거가 없더라도 자백만으로 죄를 만들었다. 잡아 가둔 사람 중 재판에 넘겨지는 사람은 10~20%에 불과했다.

조선형사령에는 검사가 경찰을 지휘하게 되어 있지만 실제로 검사가 경찰을 통제하기는 어려웠다. 경찰은 검사에게 사건 취지를 알리고 강제로 수사할 수 있었다. 또한 벌금, 구류(죄인을 1일 이상 30일 미

일제 강점기의 재판 모습(『서울2천년사』27권)

만 동안 교도소나 경찰서 유치장에 가두는 일) 등 즉결 처분과 무죄, 훈계 방면 등의 권한은 경찰에게도 있었다.

일제 강점기 경찰은 '순사'라 불렸다. 이들은 조선인을 억압하고 독립운동가를 가혹하게 탄압하는 데 앞장섰다. 경찰은 죄를 지었다고 인정되는 자는 사법(재판)에 따르지 않고 직접 체포했다.

"경찰이 죄를 범했다고 인정되는 자는 사법(재판)에 따르지 않고 직접 체포했다. 그자뿐만 아니라 그의 친척, 친구까지 관련지어 사실 여부와 경중을 불문하고 신문에 앞서 잔인한 형벌을 가했다. 인사불성이 되도록 여러 날을 감금한 뒤에 비로소 신문하기 시작하는데, 또한 형벌을 가하여 자백을 강요하고 아무런 증거도 없이 자백만으로 죄를 성립시킨다."

—『조선독립지혈사』(1920), 박은식

대부분 일본인이었던 검사

1910~1920년대에 조선에는 50~60명 정도의 검사가 있었다. 이들이 전국의 모든 형사 사건을 다루기는 힘들었다. 검사는 경찰 수사 정보를 그대로 재판에 넘기는 것만으로도 바빴다. 이처럼 몇 명 되지도 않는 검사 대부분은 일본인이었다. 1936년까지 조선인 검사는 10명이 넘지 않았다. 판사도 대부분 일본인이었다. 검사나 변호사는 피고인이나 증인을 직접 심문할 수 있었다. 하지만 조선에서 열리는 재판에서는 통역이 필요했다. 판사는 통역이 불편하다고 직접 심문하지 않고 검사가 기록한 '조서'를 기준으로 재판했다. 검사와 경찰은 피의자를 강제로 잡아들여 가혹하게 심문하고 자백받아 그 내용을 기록한 조서를 증거로 제출했다. 재판은 피의자가 가진 권리를 보장하지 못했다.

직접 수사에 나서는 일제 강점기의 검사

1920~1930년대에 걸쳐 중요 사건을 검사가 직접 수사하려는 움직임이 커졌다. 검찰 고위층은 가능한 검사 스스로 수사하라고 명령했다.

1937년 중일 전쟁이 발발하자 검찰은 치안을 철저하게 장악하려 했다. 1941년 일제는 '국방보안법'을 만들고 '치안유지법'도 강화했다. 그 결과 검사는 피고인 소환, 구류, 신문, 압수 수색 등을 강제로 할 수 있었다. 모든 강제 수사권이 검사에게 집중된 것이다. 경찰관은 검사의 명령이 있을 때만 권한을 행사할 수 있었다. 검사의 숫자는 꾸준히 늘어 1937년에는 검사 숫자가 100명이 넘었다. 검찰 조직도 법원에서 분리되었다.

미군정 아래서

일본 해방 후 조선 반도에는 미군과 소련군이 들어왔고, 삼팔선 아래에서는 미군이 군정을 실시했다. 미군정은 우선 일제 강점기 경찰에게 있던 즉결 처분과 훈계 방면 등의 권한을 없앴다. 법적 절차를 따르지 않으면 사람을 잡아 가두거나 벌을 내릴 수 없었다. 미군정은 일본인 판사와 검사를 모두 해임하고 조선인으로 그 자리를 채웠다. '사법부'를 두고 그 아래 '검사국'을 만들었다. 영국과 미국의 법률 시스템을 적용하고, 검사의 권한도 제한했다.

미군정은 검사와 경찰을 직무상 대등한 협력 관계로 만들려고 했다. 경무국 형사조사과에 독자적인 수사권을 부여하고 경찰은 수사를, 검찰은 송치(수사 기관에서 피의자와 서류를 넘겨 보내는 일)를 전담하는 대등한 관계로 만들었다. 하지만 검찰은 수사권을 돌려달라고 미군정에 끊임없이 요청했다. 결국 검찰은 1947년에 공산당 계열 인

---

* 공식적인 정부 수립 이전이었기 때문에 '남조선과도정부법령' 또는 '과도검찰청법'이라 부르기도 한다.

사를 체포하면서 수사권을 일부 되찾았다. 그리고 경찰을 지휘하는 수사 지휘권까지 되찾았다.

1948년 대한민국 정부 수립 과정에서 공포한 '검찰청법*'은 검사가 가진 수사권과 수사 지휘권을 명확히 규정했다.

대한민국 정부 수립과 검찰청법

대한민국 정부 수립 후, 1949년 12월, '검찰청법'이 시행되었다. 이 법으로 검찰관이 아니라 '검사'라는 명칭을 사용하게 되었다. 검찰 조직은 대검찰청, 고등검찰청, 지방 검찰청, 지방 검찰 지청으로 구분했다. 대검찰청에는 검찰총장, 고등검찰청과 지방 검찰청에는 검사장, 지방 검찰 지청에는 지청장을 두었다. 이후 6·25 전쟁이 발발하여 제도를 만들고 기구를 정비하는 일은 미루어졌다. 대검찰청 기구는 1954년이 되어서야 정비하기 시작했다.

6·25 전쟁이 끝난 후 이승만 정권은 독재 체제를 강화했다. 경찰, 검찰은 물론 법원도 독재 정권 유지에 앞장섰다. 하지만 4·19 혁명으로 이승만 정권이 몰락한 이후 독재 권력을 위한 도구로 쓰였던 검찰과 경찰을 개혁하려는 논의가 무르익었다. 서울변호사회는 '검찰중립법제정촉진위원회'를 만들어 검찰이 정치적으로 중립을 지키도록 하는 법안을 만들기 시작했다. 당시 새로 임명되었던 법무부 장관과 검찰 지도부도 검찰의 정치적 중립성이 필요하다고 인정했다. 하지

만 5·16 쿠데타가 일어나며 이러한 논의가 실현되지는 못했다. 검찰 고위 간부들은 군사 정권에 충성했고, 국가보안법, 반공법, 정치인 관련 사건을 비롯해 모든 사건 처리에 적극적으로 나섰다.

전문성을 갖춰 발전하는 검사

1960년대 이후 대한민국 경제는 빠르게 발전했다. 인구도 늘고 범죄도 증가했다. 그에 따라 검사의 수도 빠르게 증가했다.

검사가 하는 일도 많아졌다. 특히 국가가 당사자인 소송과 행정 소송 수행 및 감독 업무가 더해졌다. 거짓말 탐지기 등을 활용하는 심리

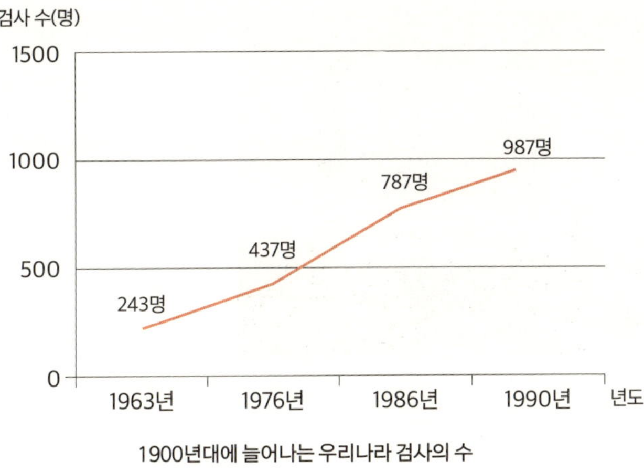

1900년대에 늘어나는 우리나라 검사의 수

분석실, 문서감정실, 음성분석실, 유전자 감식실과 마약감식실도 운영하기 시작했다. 1982년에는 첫 여성 검사가 탄생했다.

민주화와 변화하는 검찰

1980년대 전두환 군부 독재 시기 검찰의 권력은 상대적으로 위축되었다. 중앙정보부와 국가안전기획부, 치안본부 같은 정보기관이나 경찰이 권력 유지를 위해 최전선에 섰다.

1987년 민주화를 맞이하며 검찰도 변화했다. 1988년에는 검찰총장을 2년 임기제로 임명했다. 임기 동안 소신껏 일하라는 뜻이었다.

서초동에는 서울고등검찰청, 서울중앙지방검찰청, 대검찰청을 새로 세웠다. 대형 비리 사건, 권력자가 관련된 사건 등을 처리해 위상

서초동 대검찰청 사옥

을 높였다. 현직 대통령의 아들, 전직 대통령도 수사해 감옥에 가뒀다.

21세기에 들어서는 대검찰청에 과학수사부, 국가디지털포렌식센터, 사이버·기술범죄수사과 등을 만들어 정보화에 힘쓰고 있다. 수사 과정에서 인권 침해를 막기 위해 영상 녹화 제도를 시행하고 있으며 범죄 피해자 보호를 위한 노력도 계속하고 있다.

검찰 수사권 조정

검찰은 미군정 시기를 제외하고 일제 강점기부터 지금까지 직접 사건을 수사하고, 경찰의 수사를 지휘했다. 그런데 수사와 기소에 관한 권한을 검찰이 모두 가지면서 여러 문제점이 나타났다. 검사 본인이나 가족, 친지의 잘못을 눈감아 주거나, 권력자나 재벌은 죄를 지어도 가볍게 처벌하거나, 특정 정치인을 목표로 삼아 수사하고 기소하는 등의 일이 발생하자 검찰을 비난하는 목소리도 높아졌다.

검찰의 권력을 줄이기 위해 수사권을 분리해야 한다는 주장이 힘을 얻어 2022년 검찰청법과 형사소송법의 일부개정법률이 공포되었다. 이 법에 따라 검사는 부패범죄, 경제범죄 등 대통령령으로 정하는 중요 범죄 또는 경찰공무원이나 고위공직자범죄수사처 소속 공무원이 정한 범죄에 대해서만 수사를 시작할 수 있다. 또한, 검사는 자기가 수사를 시작한 범죄는 공소를 제기할 수 없다.

사라질지도 모르는 검찰청

2025년 6월 3일 탄생한 이재명 정부는 앞으로 검찰을 어떻게 바꿔 나갈지에 대한 청사진을 준비하고 있다. 지금까지 검토된 바에 따르면 검찰청을 없애고 대신 수사를 담당하는 '중대범죄 수사청(중수청)'과 공소 제기 및 유지를 담당하는 '공소청'을 만드는 방안이 유력하다. 즉, 별도 조직에서 수사와 기소가 각각 이루어지는 것이다.

검사는 공소청에 속해 범죄 피의자를 재판에 넘겨 유죄를 입증하는 일만 하게 된다. 이와 관련된 법안들이 국회를 통과하면 검찰청은 사라지고 중수청과 공소청이 활동을 시작하리라 예측할 수 있다. 수사와 기소가 법적으로 완벽히 분리되는 것이다.

기소 배심제 도입 논의

이와 더불어 기소 배심제를 도입하자는 주장도 힘을 얻고 있다. 기소 배심제는 범죄를 기소할지 말지를 국민이 참여해 심의하고 의결하는 제도이다. 즉, 이 제도가 시행되면 검사는 범죄 기소 여부를 마음대로 결정하지 못한다. 이는 미국의 대배심 제도와 흡사하다. 미국에서는 중대범죄에 대해서는 16~23명의 일반 시민이 참여한 대배심에서 12명 이상이 찬성해야만 기소할 수 있다.

이 제도의 도입에 관해서는 아직 논의하는 중이다. 배심원의 전문성 부족, 법원과 검찰의 업무 과중 등 반대 의견도 많아 도입 여부를 단정하기는 이르다.

고위공직자 범죄수사처

'고위공직자 범죄수사처(공수처)'는 고위공직자나 그 가족이 저지른 직권 남용, 수뢰(뇌물을 받음), 허위 공문서 작성 및 정치 자금 부정 수수 등의 범죄를 척결하고, 공직 사회의 특혜와 비리를 근절하여 국가의 투명성과 공직 사회의 신뢰성을 높이려는 목적으로 2020년 설립되었다.

공수처가 수사 대상으로 삼는 고위공직자는 대통령, 국회의장, 대법원장을 비롯해 검찰, 경찰, 군대의 고위 간부, 정부의 고급 공무원을 포함한다. 또한 공수처는 법적으로 독립되어 있어 어떤 기관도 공수처를 지휘하거나 감독할 수 없다.

공수처는 출범 이후 제 역할을 못 한다는 비난을 받기도 했다. 그러나 2025년 1월, 대통령에 대한 내란 관련 수사를 주도함으로써 존재감을 드러냈다.

오늘날과
미래의 검사

오늘날 검사는 막강한 수사·기소 권한을 갖고 공익을 대표하지
만, 그 권력이 정당하게 행사되고 있는가에 대한 사회적 관심도
커지고 있다. 검찰 권한의 분산, 정치적 중립성 확보, 인권 중심
수사에 대한 요구가 거세지는 가운데, 검찰 제도는 중대한 전환
점을 맞고 있다. 변화하는 검사 제도의 현재와 미래를 전망한다.

검사가 하는 일

수사와 수사 지휘

검사는 부패범죄, 경제범죄 등 중요 범죄를 독자적으로 수사한다. 경찰이 충실하게 사건을 조사했는지, 적법 절차를 준수했는지 등을 검토하기도 한다. 수사 과정에서 발생할 수 있는 법령 위반, 인권 침해, 수사권 남용 등을 방지하는 역할을 하는 것이다. 수사가 미흡했다고 판단하면 추가로 수사하거나 경찰에 보완 수사를 요구한다.

공소 제기와 유지

검사는 사건의 수사 종결을 위해 기소할지 말지를 결정한다. 기소한 뒤에는 법정에서 피고인이 저지른 범죄를 입증해야 한다. 피고인의 죄에 상응하는 벌을 내려 달라고 재판관에게 요청한다(구형). 피의자의 행동이 범죄가 아니거나, 합법적인 증거로 충분히 증명할 수 없을 때는 '무혐의'로 결정한다. 혐의가 있더라도 여러 상황을 고려해 기소하지 않을 수도 있는데 이때는 '기소유예' 처분을 내린다.

재판 집행 지휘 및 감독

법관이 판결하면 검사는 해당 사건 수사관에게 판결대로 집행하도록 지휘한다. 이에 금고(교도소에 가두어 두고 노역은 시키지 않음), 벌금 징수 혹은 강제 노역장 유치 등의 집행을 감독한다.

인권 옹호

검사는 수사와 기소 과정에서 사람들의 인권이 침해받지 않도록 감시할 책임이 있다. 검사는 피고인에 대한 불리한 증거뿐만 아니라 유리한 증거도 포함하여 모든 증거를 법정에 제출해야 한다. 또한 피고인이 재판에서 불공평한 취급을 받지 않도록 재판관에게 공평하면서 편견 없이 법을 적용하도록 요청해야 한다. 검사는 매월 1회 이상 관할 경찰서 유치장을 방문해 누군가가 불법적 수단으로 체포되고 있지는 않은지, 또는 사건이 부적절하게 처리되고 있지는 않은지 조사한다.

검사는 국가를 당사자 또는 참가인으로 하는 소송과 행정 소송을 수행하고 그 수행을 지휘, 감독한다. 또한 검사는 여러 정부 기관에 파견되어 각 부서에서 필요한 법적 문제 해결에 도움을 준다.

좋은 검사가 되기 위해 갖추어야 하는 자질

다른 사람이 저지른 잘못을 처벌하는 검사에게 청렴함과 도덕성은 필수다. 사건을 맡으면 끝까지 진실이 무엇인지 밝혀내려는 끈기와 집념도 필요하다. 논리적 사고와 분석력은 기본이다. 범죄를 비롯해 온갖 사회 현상을 냉정한 시각으로 분석할 줄 알아야 범죄 수사 및 재판에서 올바른 주장을 펼칠 수 있다.

검사는 객관적이고 일관되게 법을 적용해야 한다. 실제로 검사는 사건 수사 과정에서 다양한 압력을 받을 수 있다. 그러나 어떤 압력을 받아도 진실을 추구하는 굳은 마음가짐을 갖는 것이 중요하다. 또한 부자와 가난한 사람, 권력자와 힘없는 사람 모두를 동등하게 대우해야 한다. 소명 의식을 갖고 검사로서 자부심과 자존심을 지녀야 한다. 압력에 굴하지 않고, 이익과 부정에 넘어가지 않기 위해 끝까지 지켜야 하는 마음가짐이다.

검사에 대한 사람들의 인식

대국민 검찰 여론조사*에 따르면 대한민국 사람들은 검사(검찰)가 국회의원, 판사와 더불어 사회적으로 영향력이 큰 직업이라고 생각한다. 많은 사람이 검찰을 권위적이고 권력 지향적인 이미지라고 응답했고, 유능함과 정의로움이라는 이미지라고 답한 수는 상대적으로 적었다. 대다수 검사는 본연의 임무를 다하고 있지만 일부 검사는 정치적인 수사를 한다고 생각한다. 특히 동료 검사나 검사 출신 인사에 대한 수사를 공정하게 한다고 응답한 사람이 적었다. 자식이나 지인이 검사가 되었으면 좋겠다는 응답은 60%가 넘었다.

* 〈시사IN〉, 2023.11.07.

미래의 검사

가까운 미래

한국고용정보원에서 발표한 연구 결과에 따르면 판사와 검사를 포함한 법률 전문가는 2029년까지 증가할 전망이다. 사회가 복잡해질수록 소송도 점점 복잡해지고 많아지기 때문이다. 검사 정원은 검사 정원법 등의 법률로 정하는데, 연간 약 50명씩 늘고 있다.

국제 교류가 활발해지고 정보 통신 기술이 급속히 발전하면서 국제 거래 분쟁, 특허 및 지식 재산권 관련 소송과 사이버 범죄, 금융 사기 등이 증가하고 있다. 또한 환경 파괴, 위해 식품 제조 및 유통, 부당 노동 행위, 가정 폭력 등 범죄 양상도 복잡해져서 전문성을 지닌 검사의 수요가 증가하리라 예측한다.

인공지능이 검사를 대신할 수 있을까?

중국 상하이 푸둥 인민검찰청에서는 범죄를 기소할지 결정할 수 있는 인공지능을 개발했다. 2015~2020년 사이에 일어난 1만 7천여 건의 실제 사건으로 훈련 시켰다. 이 인공지능 검사는 범죄에 대한 진술을 토대로 97% 이상의 정확도로 기소한다고 알려졌다.

우리나라 대검찰청도 수사 질문과 포렌식 자료를 요약하고 형량까지 제안하는 인공지능 검사를 도입할 예정이다. 인공지능 검사는 핵심 정보 추출, 비슷한 사건 검색, 진술 요약 및 분석, 수사 정보 요약 및 서류 초안 작성, 형량 제안, 수사 질문 생성, 범죄 경력 조회 등을 실행한다. 특히 대용량 데이터를 빠르게 분석해서 필요한 정보만 골라 주는 기능이 관심을 끌고 있다. 이러한 인공지능 기술은 검사가 해야 하는 일을 크게 줄여주리라 기대한다.

하지만 인공지능 검사에 대한 걱정도 크다. 인권을 소홀히 할 가능성이 있다는 걱정과, 사람을 감옥에 가두는 결정을 기계에게 맡길 수 없다는 주장도 있다. 만약 인공지능 시스템이 잘못 동작하는 경우 책임을 어떻게 물어야 하는지도 명확하지 않다. 인공지능이 자료를 분석하고, 오류를 방지하는 데 도움을 줄 수는 있지만 아직 인간을 대신해 중요한 결정을 내리는 데는 어려움이 있다. 법조계에서는 인공지능을 어떻게 활용할지를 두고 다양한 주장이 나오고 있는데, 금방 결론이 나기는 어렵다.

어떻게 검사가 될 수 있나요?

신규 검사 임용

법학전문대학원을 졸업하고 변호사 자격을 가진 사람만 검사직에 지원할 수 있다.

지원자들은 1차 서류 심사를 거친다. 법학전문대학원 성적, 실습 평가, 경력, 외국어 능력 등을 본다. 금융·증권, 조세·기업회계, 컴퓨터·IT, 지식재산권, 의료·약학 등 전문 분야에 자격·면허를 소지한 사람은 선발할 때 우대한다.

서류 심사를 통과한 사람은 '실무 기록 평가'를 받는다. 논술형 필기시험으로, 사건 자료를 검토해 기소, 불기소 등 처분을 내리고 그 이유를 설명하는 문서를 작성한다.

실무 기록 평가에 합격한 사람들을 대상으로 다음과 같은 면접을 시행한다.

　① 직무역량평가: 질문에 답하는 형식의 면접 ② 발표·표현역량평가: 주제에 관한 자기 의견을 발표하는 형식의 면접 ③ 인성 검사

　면접을 통과한 사람들을 대상으로 조직역량평가를 한다. 평소 신념, 국가관, 공직관 등에 관해 질문하는 최종 면접이다. 이 과정을 모두 통과한 사람이 신규 검사로 임용된다.

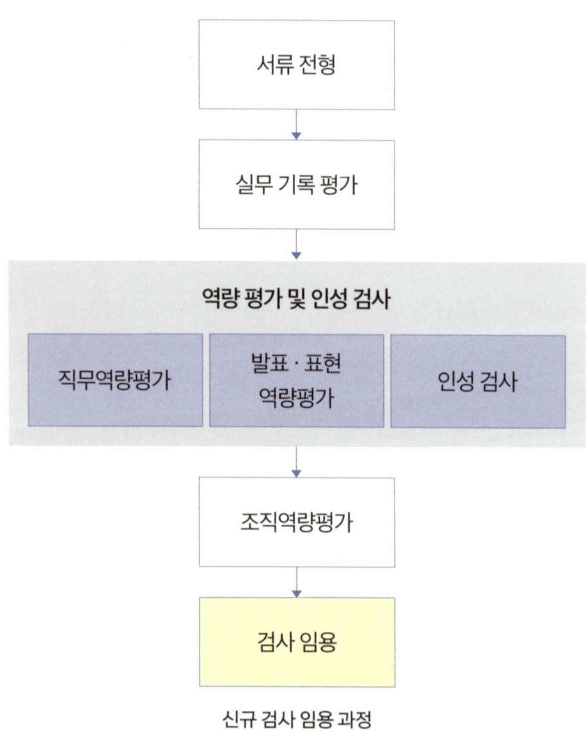

신규 검사 임용 과정

경력 검사 신규임용

2024년부터 법조 경력이 2년 이상인 경력자 중에서 검사를 선발한다. 경력 검사 신규임용에서는 필기시험인 '실무 기록 평가'를 하지 않는다. 그 외 평가 절차는 신규 검사 임용과 같다.

검사 현황

우리나라의 검사 숫자는 '검사정원법'으로 정해져 있다. 2025년 검사 정원은 2,292명이다. 실제 근무 중인 검사는 2,092명(2023년 기준)이다. 정부는 매년 단계적으로 검사 정원을 늘리려 하고 있다. 여성 검사 비율은 약 35%이다. 고위직 검사는 대다수 남성이다. 2024년 9월 기준 고검장, 검사장 등 고위직을 책임진 검사 46명 중 여성은 5명이다.

검사의 보수는 판사와 마찬가지로 법에 정해져 있다. '검사의 보수에 관한 법률 시행령'에 따르면 검찰총장의 월급은 902만 2,800원이고, 신임 검사의 월급은 343만 3,500원이다. 여기에 수당이나 인센티브가 추가된다.

과목 · 과정	초등학교 과정
5학년 사회	인권 존중과 정의로운 사회 / 옛사람의 삶과 문화 / 사회의 새로운 변화와 오늘날의 우리
5학년 실과	나의 진로
6학년 사회	우리나라의 정치 발전 / 우리나라의 경제 발전 / 세계 여러 나라의 자연과 문화

과목 · 과정	중학교 과정
사회1	민주주의와 시민 / 일상생활과 법 / 인권과 기본권
사회2	헌법과 국가기관 / 사회 변동과 사회문제
역사1	문명의 발생과 고대 세계의 형성 / 지역 세계의 교류와 변화
역사2	선사 문화와 고대국가의 형성 / 남북국 시대의 선재 / 고려의 성립과 변천 / 조선의 성립과 발전 / 조선 사회의 변동 / 근·현대 사회의 전개
도덕2	자신과의 관계 / 타인과의 관계 / 사회·공동체와의 관계
진로와 직업	진로와 나의 이해 / 직업 세계와 진로 탐색 / 진로 설계와 실천

과목 · 과정	고등학교 과정
세계사	지역 세계의 형성 / 교역망의 확대 / 국민 국가의 형성
통합사회2	인권 보장과 헌법 / 사회 정의와 불평등
현대사회와 윤리	현대 생활과 윤리 / 민주시민과 윤리
한국사1	근대 이전 한국사의 이해 / 근대 이전 한국사의 탐구 / 근대 국가 수립의 노력
한국사2	일제 식민 통치와 민족 운동 / 대한민국의 발전 / 오늘날 대한민국
진로와 직업	진로와 나의 이해 / 직업 세계와 진로 탐색 / 진로 설계와 실천

미래를 여는 경이로운 직업의 역사

법을 다루는 직업 | 판사 · 변호사 · 검사

초판 1쇄 발행 2025년 8월 28일

지은이	박민규
펴낸이	박유상
펴낸곳	빈빈책방(주)
편집	배혜진 · 정민주
디자인	기민주
일러스트	김영혜

등록	제2021-000186호
주소	경기도 고양시 덕양구 중앙로 439 서정프라자 401호
전화	031-8073-9773
팩스	031-8073-9774
이메일	binbinbooks@daum.net
페이스북	/binbinbooks
네이버 블로그	/binbinbooks
인스타그램	@binbinbooks

ISBN 979-11-993156-6-2 (44190)